本书由上海外国语大学教育发展基金会"海富通基金"资助出版

城市私人汽车消费成本研究

朱云欢　著

世界图书出版公司

上海·西安·北京·广州

图书在版编目(CIP)数据

城市私人汽车消费成本研究/朱云欢著. —上海：
上海世界图书出版公司,2011.12

ISBN 978-7-5100-4109-9

Ⅰ. ①城… Ⅱ. ①朱… Ⅲ. ①汽车—消费—成本分析
—中国　Ⅳ. ①F766

中国版本图书馆 CIP 数据核字(2011)第 241994 号

城市私人汽车消费成本研究

朱云欢　著

上海世界图书出版公司 出版发行

上海市广中路 88 号

邮政编码 200083

上海市印刷七厂有限公司印刷

如发现印装质量问题,请与印刷厂联系

(质检科电话：021-59110729)

各地新华书店经销

开本：890×1240　1/32　印张：7.75 字数：250 000
2011 年 12 月第 1 版　2011 年 12 月第 1 次印刷
ISBN 978-7-5100-4109-9/G·301

定价：32.00 元

http://www.wpcsh.com.cn
http://www.wpcsh.com

序

资源的稀缺性和资源用途的多样性决定了人们在使用资源过程中需要对资源做出恰当的配置使资源配置达到帕累托效率状态以最大限度地满足人们的需求。经济学几百年来的发展已形成了一套缜密的分析方法证明在满足一些假设条件时市场机制能够实现这一经济学追求的终极目标。但是,在现实中这些假设条件无法完全满足,由此就出现了所谓的市场缺陷,这些缺陷的存在使得资源配置在现实的资源配置机制下无法达到最有效的状态以最大限度地满足人们对效用的追求。

在这些市场缺陷中,甚为重要的一种称之为负外部性。它的存在导致了资源过多地被用于会产生负外部性的行为,使得资源配置偏离帕累托效率状态,从而使社会总效用无法达到最大化。对于负外部性问题的解决,虽然在一定范围和场合下市场力量可以起到一定的作用,如一体化和权利交易,但普遍意义上的矫正负外部性问题,各种研究表明,仅仅依靠市场力量是远远不够的。比较趋同的看法是,可以通过政府管制手段来解决负外部性问题,各个国家环境保护机构的存在或许就是一个很好的例证。

通过政府管制来解决负外部性问题,其基本思路一般是采取制定标准、禁止行为等强制手段来减少那些具有负外部性的行为,或者采用收费、征税等半强制半经济的手段诱使行为者或是减少那些具有负外部性的行为或是治理其行为产生的负外部性。显然,采用上述各种管制的办法来解决负外部性,如果要使资源配置重新达到帕累托效率状态,那么,管制者必须找到那个最优的点——最优管制标准、最优收费水平或是最优税率——使得在有管制下行为者的行为水平正好符合帕累托效率状态下所需的行为水平。管制者要做到这点,需具备的条件是知晓负外部性函数和行为者效用函数。因此,政府管制能否有效解决负外部性问题,其关键在于管制者对负外部性函数和行为者效用函数的掌握与了解程度。然而,要掌握和了解负外部性函数和行为者效用函数,对于管制者来说是一个严峻的挑战,即使是理论上似乎也没有很好的解决之道,因为前者涉及信息不充分的问题,后者涉及信息不对称的问题。朱云欢博士的研究成果正是在解决负外部性函数这一领域的一个积极有益的探索。

小汽车的发明与使用,是人类文明进程中的一个重要的成果,它大大提高了人们出行的效率,扩大了人们交往的范围,极大地提升了人类的生产效率和效用程度。但是,随着私人小汽车使用的普及,人们在享用其带来的好处的同时也正逐渐承受其导致的负外部性——土地资源的过度占用、交通的拥挤、环境的污染、攀比从众心理引致的无谓消费等等。这些负外部性产生了大量的社会成本,而小汽车的消费者只承担了其中的一部分,大量的成本是由不消费小汽车或者消费水平相对较低的人们来承担的。在没有外部力量干预的情况下,这种负外部性的存在必然使得小汽车消费的市场价格产生扭曲,从而导致效率损失和公平缺失,最终造成整个社会福利遭受损失。

如何解决私人小汽车消费存在的上述外部性,使人们能够尽情地享受到小汽车消费给人类带来的好处?朱云欢博士的著作《城市私人汽车消费成本研究》通过理论与实证的分析较好地回答了这一问题。该著作建立了一个全面系统的私人小汽车消费社会成本的分析框架,结合上海市的私人小汽车的消费情况对各种小汽车的负外部性进行了实证分析,通过定量分析验证了定性分析的结论,并对各类外部成本进行了实证估算和比较,为解决小汽车消费的负外部性问题提供了大量实证数据,具有较强的政策指导意义。

正如作者在书中所言,本书的主要目的在于初步建立私人小汽车消费相关成本的理论与实证评估框架,这也正是这本著作的重要

贡献所在。从国内相关研究领域的情况来看,这种贡献是具有开创
性的,它为负外部性问题的研究提供了一种分析框架,其研究结果也
同时为理性观察与解决我国私人小汽车消费的外部性问题提供了思
路和努力方向。在祝贺朱云欢博士完成并出版这一力作的同时,衷
心希望我国私人小汽车的消费能在政府与广大理论工作者的共同努
力下逐渐趋于理性,使民众都能享受到这一工业文明给人类带来的
便利与高效。

二〇一一年八月三十日

摘　要①

　　随着我国汽车市场的全面开放、国内汽车产业的快速发展,以及一系列鼓励轿车进入家庭政策的出台,我国私人小汽车的保有量近年来的增速占所有类别机动车之首,该情况在城市地区尤为突出。私人小汽车的消费具有竞争性和排他性,因此私人小汽车是一种典型的私人产品,而这种私人产品在购置和使用的过程中,必然会和一系列的社会要素发生作用,这样才能够充分体现它的价值与使用价值。这个过程中产生的社会成本,包括私人成本以及给他人和社会带来不可忽视的损失,即构成外部成本。

　　在空间资源有限、人口密集的城市地区,私人小汽车消费的快速增长在提升了城市产业的同时,由于其外部性——"从众效应"、占用土地等公共资源、产生拥挤和环境污染等情况产生了大量的社会成本,私车消费者只承担了其中的一部分成本,其余部分则由消费水平相对较低的其他社会公众承担了。从经济学的角度来说,市场价格扭曲会导致效率与公平②的缺失。私车消费价格的这种扭曲状况如果得不到改善的话,也会产生同样的结果,且随着私人小汽车的保有量的增加以及其在全社会机动车辆保有量中的比例的增加,将造成社会福利的更大损失。

---

　　①　本书为上海外国语大学青年教师科研创新团队项目成果。
　　②　目前存在着三种对公平的理解和认识:规则公平、起点公平和结果公平。其中,规则公平认为在统一的市场规则的前提下,个人的收入份额与其对生产和贡献份额相一致的收入分配就是公平,也即本文所指的公平。

本书立足于从理论与实证角度较完整全面地研究城市私人小汽车消费的社会成本，从而构建我国城市私人小汽车消费社会成本的研究框架，为政府管理与调控提供所需的实证资料。本书主要回答以下几个问题：

第一，城市私人小汽车消费的社会成本体现在哪几个方面？

第二，城市私人小汽车消费的各类社会成本产生机理是怎么样的？

第三，城市私人小汽车消费的社会成本中不为消费者本身承担的外部成本有多大？

从这 3 个问题出发，本书研究城市私人小汽车消费——购置与使用过程中的各类私人成本及外部成本产生的机制与相关理论，并通过一系列的实证研究分析、估算相应成本的大小。具体而言，主要从私人小汽车这一具有"炫耀性消费"性质的混合商品消费行为产生的"从众效应"，消费过程导致的交通设施过度提供，相关资源配置不合理、交通拥堵、环境污染等方面详细分析和论证了提高私人小汽车消费的私人成本的必要性。

由于私人小汽车消费以城市为主，且随着数量的上升，其社会成本在城市地区体现得更显著，因此，本书以"城市私人小汽车"为名，遵循从普遍到特殊、先规范后实证的研究思路。首先介绍私人小汽车消费社会成本研究的历史与现状，探讨国内外研究成果中私人小汽车消费社会成本的基本理论进展和发展趋势，以建立一个全面系统的私人小汽车消费社会成本的分析框架。其次，本书在各部分的理论分析之后均结合私车消费的典型城市之一——上海市的情况进行相关的实证分析，力图通过定量分析验证定性分析的结论，并提供各类外部成本的数量比较，对相关政策的制定具有较强的启示意义。

本书正文共分 7 章，第一章为绪论，阐述了研究背景、研究内容、研究思路、主要框架。

第二章是相关文献综述。首先评述了外部性理论及其历史演进、外部性的计量等。在此基础上，将外部性从各个角度进行分类，并根据本书内容，对其中的消费外部性、环境外部性和非环境外部性进行重点分析。其次,评述、分析了源于一般外部性的运输负外部性,包括运输负外部性的历史演进及其主要内容。最后,评述了运输负外部性中私人小汽车消费负外部性方面的文献,并分别论述了理论界对私人小汽车消费负外部性的观点和主张。其中,私人小汽车负外部性的分类部分为下文的研究框架奠定了基础。

第三、四、五、六章对私人小汽车消费社会成本从理论与实证角度进行全面系统的分析。

第三章分析私人小汽车消费行为的社会成本①。首先,对我国城市居民出行方式从经济性与便捷性方面进行考察,认为小汽车并不应该是首选的出行方式,因此针对目前的现实情况提出"私人小汽车之谜"的存在性。其次,围绕上述问题,尝试通过系统的理论对此进行解释与分析,认为私人小汽车的消费行为会令他人产生一定的"从众效应",从而造成效用损失。实证部分进行上海地区较大规模的调研,通过对调研结果的统计分析来反映私人小汽车的消费行为所引起的从众效应对不同人群造成效用损失的情况。

第四章分析私人小汽车消费与道路提供相关的社会成本。通过分析指出:汽车的增加必然增加对专用道路的需求,然而在提供城市道路时,其中一个重要的成本是不可再生的土地资源。但是目前在城市道路提供的过程中,土地的成本没有被合理的计量,造成了大量公共资源被相对少数的汽车消费者占用,而总体供应量却不断上升,最终导致公共资源的不合理配置。另外,供应量的增加进一步刺激了道路需求的增加,形成了新的供给压力,即需求—供给的循环膨胀。与道路提供相关的社会成本还包括了道路的分隔效应与视觉侵扰,本章将对这些方面分别进行详细分析论证,最后尝试对上海城市道路提供的情况及相关社会成本进行实证研究,运用因素分析法估算出相关外部成本。

第五章分析私人小汽车消费的拥挤的社会成本。首先分析拥挤

---

① 本文分析的私车消费社会成本可分为两大类:消费者的消费行为(包括购置与使用行为)产生的社会成本(第三章),与私车在使用过程产生的社会成本(第四、五、六章)。

的时间成本,认为私人小汽车数量的增加直接增加了拥挤的时间,造成了较大的时间成本。其次分析由拥挤直接或间接造成的车祸的成本,并分析认为车祸数量是随着私人小汽车的数量的增加而递增的。最后以上海为例,分析选择了机会成本法与因素分析法来估算上海地区每年由私人小汽车消费造成拥挤的相关外部成本。

第六章分析私人小汽车消费的环境成本。第一部分讨论私人小汽车消费造成的空气污染和噪音污染的经济成本。并分析其中私人小汽车消费者未承担的成本,即外部成本。随后以上海为例,通过对实际情况的分析,选择运用替代市场法、预防支出法等外部成本的计算方法尝试估算上海市每年由私人小汽车消费产生的环境污染造成的外部成本。

针对上述情况,本书指出必须寻求合理的政策或政策组合,来管理私人小汽车消费的社会成本,将其外部成本内部化,从而保证经济运行的效率与公平。第七章的政策选择分为两个部分:购置过程中的社会成本管理与购置之后的使用过程中的社会成本管理。第七章还对第三至六章所述相关社会成本的理论与实证研究结果进行全面、系统的整理与提炼,为政府有关部门进一步制定具有针对性的管理政策提供切实的理论借鉴与实践参考。本书认为:在管理成本小于外部成本的情况下,必须寻求合理的政策或政策组合,来管理私人小汽车的社会成本,从而保证经济运行的效率与公平。

关键词: 城市私车消费,社会成本,外部成本,问卷调研,实证研究

Abstract

With the overall opening of the car market in our country, the rapid development of our car industry and a series of policies which encourage household to car consumption, private car quantity has been increasing at the fastest speed among various kinds of automobiles in recent years. The situation has been even prominent in urban areas. Private car consumption is competitive and exclusive, so it is a typical private goods. But during its purchase and use, private car will inevitably have interactions with a series of social factors. Only through this process that the car can show its value and use value during which there are social costs that cannot be neglected as well as private costs.

In urban areas which has limited space and a dense population, the rapid increase of private car consumption has been upgrading industries in the city, but at the same time, the social costs caused by its externalities—bandwagon effect, possession of public resources such as land, congestion, environmental pollution, etc. , are only partially borne by car consumers and the rest of the costs are borne by other people. From economic point of view, the distortion of prices will cause the lack of efficiency and equality. And if this kind of situation caused by private car consumption cannot be improved, the same result will be about to appear. With the continuous increasing of private car quantity and its proportion in the overall automobiles, social welfare will be greatly undermined.

This book is devoted to the study on the external costs of urban private car consumption in theoretical and empirical way, trying to come to an analyzing the frame of external costs of urban private car consumption, and in this way, to provide the government with the empirical materials needed for management and supervision. This book is devoted to the search of the following situations:

1. Types of social costs of urban private car consumption,

2. Sources of various types of social costs of urban private car consumption,

3. Calculation of various external costs of urban private car consumption.

With the three points in mind, this book focuses on costs of urban private car consumption and tries to calculate the costs respectively, specifically that caused by "the bandwagon effect" of the conspicuous consumption of private car, which is a kind of mixed goods, over-supply of transportation facilities and improper allocation of related resources, traffic congestion, environmental pollution, pointing out the necessity of increasing private cost of car consumption. The framework of social costs of urban private car consumption in our country is established through theoretical and empirical analysis, and thus lays foundation for related policy management and regulation.

As city consumes most of the private cars, the social costs of their consumption become prominent especially with the continuous increase of the consumption. So this book is titled "urban private car consumption", taking the analysis approach of from common to specific and from theory to empirism. Firstly, history and current situation of private car consumption externality are introduced to discuss the development and trend of research findings of basic theories, establishing an analysis framework external costs of private car consumption. Secondly, the situation of the typical city—Shanghai is studied after the theoretical analysis of each type of social costs to test the result of theoretical analysis with empirical study and give quantitative comparison of different types of external costs, greatly enlightening the relevant policies.

This book has seven chapters. Chapter One is the introduction part with the study background, study contents, study approach and main structure.

Chapter Two is literature study. Theories of externality and its historical evolution and measurement are commented. Based on this, externality is further classified in different perspectives. Considering the main contents of this book, consumption externality, environmental externality and non-environmental externality are elaborately analyzed. And then transportation externality, which is the extension of general externality, is analyzed and commented. Thirdly, literatures on private car consumption externality are covered with views and opinions addressed, among which, the categorization of private car has laid the foundation for the frame of the analysis as follows.

Chapter Three, Chapter Four, Chapter Five and Chapter Six conduct complete and systematic analysis on social costs of private car consumption.

Chapter Three analyzes social cost of consumption behavior. Firstly, travel modes of urban residents are reviewed in terms of economy and convenience, finding that private car is not the first choice and thus the "private car puzzle". Secondly, systematic theories are introduced to explain and analyze the above question, finding that private car consumption will exert "bandwagon effect" on other people and thus utility losses. The empirical part conducts a massive survey in Shanghai and the statistic analysis of the result helps to show different losses in different groups of people.

Chapter Four analyzes social costs related with road supply as a result of private car consumption. It is pointed out that the increase of cars will inevitably lead to the increasing need for roads, while the land resource for road construction is an important cost in urban road supply. But land cost is not properly taken into account currently, which leads to the fact that public resources are not allocated efficiently and equally. Besides, the increase of supply further stimulates need for roads, bringing new pressure on supply, which is a never-ending expanding circle of need and supply. This part also includes the analysis of barrier effect and visual intrusion, which are caused by road supply. Chapter Four will conduct elaborate analysis in the above aspects and then empirical analysis is tried on road supply and related external costs in Shanghai.

Chapter Five analyzes social costs of private car congestion. Time cost is firstly analyzed and the increase of car consumption causes congestion and thus large time cost. Secondly, cost of car accidents caused by congestion is analyzed. It is held that the number of accidents goes up together with car consumption and the total cost is uncertain. Lastly, taking the situation in Shanghai for example, opportunity cost approach and factor analysis approach are used to estimate the related external cost each year.

Chapter Six analyzes the social costs of environment pollution of private car consumption. The first part of the chapter discusses economic cost of air and noise pollution caused by private car consumption. In the second part, Shanghai is taken as an example to estimate the external costs with the chosen substitutive market approach and preventative expenditure approach.

Considering the above situation, Chapter Seven points out that sound policies must be sought to manage the social cost of private car consumption to internalize the external costs, so as not to undermine the economic efficiency and equality. The two major parts are the management during the process of getting possession of cars, and the management during the use of them. Chapter Seven also gives a complete and distilled summary of the theoretical analysis and empirical study from Chapter Three to Chapter Six, trying to give a further explanation of external costs of urban private car consumption so as to provide reference to the governmental policies. It is held that when management cost is less than external cost, government should seek for proper policies or combination of policies to control the externality in order to maintain the efficiency and equality of economic operation.

Key Words: urban private car consumption, social cost, external cost, survey, empirical study

目　　录

第一章 绪 论

第一节 选题与研究背景

一、城市私人小汽车保有量的快速增长

自 20 世纪 80 年代以来,我国私人小汽车①消费有所增长,但长时间内一直发展缓慢。进入 90 年代、特别是 21 世纪以来,随着汽车市场的全面开放、国内汽车产业的快速发展,以及国家一系列鼓励轿车进入家庭政策的出台,私人小汽车的拥有量近年来呈现出快速增长的趋势。

表 1-1 我国近年私人载客汽车拥有量(万辆)

年份	载客汽车总计(a)	大型(b)	中型(c)	小型(d)	微型(e)	Δd	$\Delta d / \Delta a$
2003	845.87	7.36	42.51	586.90	209.10	/	/
2004	1 069.69	7.20	46.95	786.63	228.91	199.73	89.24%
2005	1 383.93	7.61	50.88	1 079.78	245.66	293.15	93.29%

① 根据《中华人民共和国车船税暂行条例实施细则》,大型客车是指核定载客人数大于或者等于 20 人的载客汽车;中型客车是指核定载客人数大于 9 人且小于 20 人的载客汽车;小型客车是指核定载客人数小于或者等于 9 人的载客汽车;微型客车则是指发动机气缸总排气量小于或者等于 1 升的载客汽车。本文中的小汽车,指其中的小型、微型载客汽车。此外,汽车拥有量根据汽车所有者不同分为个人(私人)汽车、单位汽车,本文主要研究的是个人(私人)小型、微型载客汽车。

（续表）

年份	载客汽车 总计（a）	大型（b）	中型（c）	小型（d）	微型（e）	Δd	Δd/Δa
2006	1 823.57	11.19	56.20	1 491.18	265.00	411.40	93.58%
2007	2 316.91	7.91	55.73	1 984.29	268.98	493.11	99.95%
2008	2 880.50	8.57	57.97	2 533.28	280.68	548.99	97.41%
2009	3 808.33	8.72	59.96	3 436.26	303.39	902.98	97.32%

资料来源：历年《中国统计年鉴》及计算所得，中国统计出版社

　　由上表可见，在各种私人载客车型中，小型客车是私人客车保有量的绝对主体，其保有量及增速远远大于其他类型客车，近年来更是呈现井喷的态势。根据国家统计局在《2006 年国民经济和社会发展统计公报》指出：随着轿车进入家庭的步伐不断加快，截至 2000 年底，我国每百户城镇居民家庭拥有家用汽车 0.5 辆，2005 年增加到了3.37 辆，2006 年这一比例继续提高。而到了 2011 年，统计局公布的数字为：2010 年底城镇居民家庭平均每百户拥有家用汽车 13.1 辆，约为 5 年前的 4 倍。

　　我国长期形成的城乡二元经济，决定了城市与农村的经济发展差距。我国城市，特别是特大城市，以 0.43% 的面积，集中了全国 40% 以上的非农人口，2/3 的国内生产总值，3/4 的工业总产值和外资利用额[①]。城市尤其是大城市，是经济和社会发展的中坚力量，亦是私人小汽车消费的主力。表 1－2 虽然由于编制时间较早，部分数据与目前的实际情况有一定的出入，但在一定程度上体现了我国小轿车的空间分布数量与城市规模的正相关关系：

[①] http://www.chinacity.org.cn.

表1-2　按不同规模级城市预测2010年小轿车保有量、保有率

城市规模级 （万人）	城市数（个）	城市人口 （万人）	轿车保有量 （万辆）	轿车保有率 （辆/千人）
>700	1	1 000	350	91.5
400～700	5	2 825		
200～400	6	1 902	450	68.4
100～200	30	4 680		
50～100	56	4 424	250	56.5
20～50	219	7 884	350	44.4
<20	1 035	13 454	200	14.8

资料来源：周干峙等《发展我国大城市交通的研究》，中国建筑工业出版社1997年版

中国城市化的发展，决定了汽车进入家庭会经历长期持久的释放过程，将有越来越多的城市、地区逐渐步入汽车社会。由此可知，汽车消费，尤其是小汽车消费将以私人消费、新增需求为主。在这样的背景下，与私人小汽车消费相关的一系列经济与社会效应逐步凸现，这业已成为学术界、政府部门及公众所关注的焦点。

二、城市私人小汽车消费快速增长的影响

世界上绝大多数发达国家都走过了一条发展轿车工业，从而带动国民经济发展的道路。但是，私人小汽车的消费是高成本的，尤其是在城市地区，它在提升了城市产业的同时，也带来了空气污染、噪音污染、道路拥塞、交通事故等不尽如人意的方面，所产生的社会成本总量是不容忽视的，在空间资源有限、人口密集的城市地区体现得尤为明显。此外，私人小汽车在一定程度上具有炫耀性消费的性质（即可用来显示人们的经济或社会地位），不可避免地令无车族的经济或社会地位下降。这给非私人小汽车的消费者造成一定的效用损失，也可以视为一种外部成本。再有，汽车保有量的急速增加，对道路交通造成了很大的压力，为缓解这方面的压力，当地不得不修建更多的道路。这一方面损害了他人的相关利益，另一方面，增加的交通供给又会带来更多的车流，造成更大的外部成本。

可见,私车消费者只承担了私车购置与使用过程中的一部分成本,其余部分成为私人小汽车消费中的外部成本由社会承担了。消费者对其收益并没有支付相应的对价,而是由消费水平相对较低的其他人来承担这些外部成本,即私车消费市场价格没有充分反映其社会成本。从经济学的角度来说,市场价格扭曲会导致效率与公平的缺失。这种情况如果得不到改善的话,随着私人小汽车保有量的增加以及其在全社会机动车辆保有量中的比例的增加,将造成社会福利的巨大损失。因此,在当前背景下研究该问题,为相应的解决方略提供理论与实践的基础具有较大的意义。

本书以我国城市私人小汽车消费社会成本为题,立足于研究私人小汽车消费社会成本的构成及私人成本与社会成本之间的差异,即外部成本。

三、城市私人小汽车消费的特殊性

私人小汽车的消费具有竞争性和排他性,因此私人小汽车是一种典型的私人产品。但是私人小汽车在消费的过程中,必然会和一系列的社会要素发生作用,在这个过程中才能够体现它的价值和使用价值。因此,私人小汽车的消费的社会成本中包括了相当大比例的外部成本。人们由于生理①方面的差异与不同的收入情况,对私人小汽车的消费情况也不同。这样,在整个社会交通系统中,产生了私车的消费者与非消费者,他们的利益在很多情况下是不一致的。情况的实质是:私人小汽车消费过程中的社会成本很大一部分由非消费者承担了。

首先,私人小汽车不同于普通的消费品,它因其特殊消费品的属性而被列入消费税的征收范围,税率在 2006 年进行了大幅的上调,2008 年 9 月 1 日起,大排量汽车的消费税又进一步大幅提高。汽车属于大宗商品,其特殊的体积和使用环境,更明确了一定程度上"炫耀性商品"的定位。其消费不可避免的令无车族的相对经济与社会

---

① 未成年人、老年人及伤残人士等对私人小汽车的消费一定程度上受到其生理条件的限制。

地位下降。

其次，随着车流量的增加，很多城市纷纷大兴土木，建造了大量的公路，但公路的供给很少能赶上车辆增加速度。而且，由于土地资源数量的限制，每一次短暂改善机动车交通道路后，骑车者与步行者的境况反而变得更糟糕了。有些城市的某些街道甚至禁止行驶自行车，也给行人带来了许多不便，损害了非汽车消费者的权益。而汽车低效使用着大量土地资源，却因为城市道路的公共品属性而没有被要求支付相应的对价，在目前对汽车的各类税费中没有体现出相应的成本①。

第三，大量客运效率低下的私人汽车在特殊时段和地段经常会产生对城市道路这一公共产品的竞争性争夺，这必然造成拥堵，妨碍公共交通的质量，造成了依赖公共交通出行者的不便，也影响了骑车者与步行者的出行效率。大量私人小汽车驶上路面，增加了车辆碰撞的几率，即提高了车祸发生的概率，对社会福利造成负面影响。

第四，私人小汽车的使用，同其他机动车一样，会造成较大的环境破坏。车辆尾气中的多种有害物质及车辆运行过程中产生的噪音会导致建筑和植物的损害、人类机体运行障碍及各类相关疾病的发生。目前，车辆尾气已成为大气污染，特别是城市大气污染的主要因素。私人小汽车数量的急剧增加将使这一情况更加恶化。

第二节　研究的理论价值与现实意义

一、研究的理论价值

本书立足于日益自由开放的私人小汽车市场，探讨城市步入汽车社会过程中，如何提高小汽车消费市场的有效性、促进社会公平、提高社会福利；对私人小汽车消费过程中产生的各种社会成本进行

① 现行的养路费等仅针对其对公共设施的损耗相应收取，并未用来补偿相关土地成本。

深层次的剖析与反思,以期对我国市场化过程中相关的经济理论发展起到一定的推动作用。本书将重点研究私人小汽车消费过程中产生的各种成本是怎么样的,私人成本和社会成本之间的差距如何等。本书将根据小汽车消费的各种负外部性,构建我国城市私人小汽车消费社会成本的研究框架,为研究将我国小汽车消费的外部成本内部化、提高市场效率与社会公平、增进社会福利的政策制定提供理论与实证的支持。

本书认为,当前探讨我国城市私人小汽车消费的社会成本,应着重从现实出发,运用外部性理论研究管理私人小汽车消费市场的必要性和管理方法;从私人小汽车市场的经济特征入手,就私人小汽车对经济发展、社会福利的影响及其本身的发展规律进行深刻剖析与阐释。在分析过程中,借鉴国外相关理论与实践来分析中国的情况,进行理论与数量实证的分析,构建适合我国城市私人小汽车消费市场的分析框架。从这个角度来说,本书具有重要的理论创新意义。

二、研究的现实意义

随着我国经济的发展,我国有越来越多的城市、地区正逐渐步入汽车社会,私人小汽车消费正以前所未有的速度增加。2007 年,新华网引权威人士的预测:到 2020 年,我国汽车市场可能超过美国成为世界最大汽车消费市场。然而实际情况是:中国汽车工业协会最新发布的数据显示,2009 年我国国产汽车产销分别为 1 379.10 万辆和 1 364.48 万辆,首次成为世界汽车产销第一大国。2010 年实现了令人瞠目的 32% 的高速增长,蝉联全球最大的汽车消费市场。上海作为中国最大的工业、港口城市和金融、贸易、经济中心,近年来,随着城市交通需求量的不断增加,全市机动车保有量也快速增加。

在这种情况下,小汽车作为城市居民拥有量较高的消费品以及城市交通的重要组成部分,在其消费过程中产生的成本的性质与数量是怎样的,消费者承担的成本与之有何区别等等,一直是各界广泛关注的焦点。在学术界,目前对上述问题还没有完整系统的解答。本书的研究目的在于从理论和实证两方面分析我国城市私人小汽车消费社会成本的现状,完整系统解答上述问题。在我国私人小汽车消费市场加速发展的情况下,通过一系列相关政策,将消费者应承担但实际未承担的外部成本内部化,从而优化资源配置、促进社会公平和谐,是亟待解决的问题。本书希望能够对此提供理论与实证的有力支持,这也是本书的现实意义所在。

总的来说,本书的研究意义可用图1-1来表示。

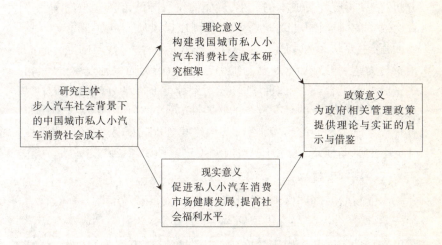

图1-1　本书研究意义图示

第三节　研究思路与结构安排

一、研究思路

本书遵循从普遍到特殊、先规范后实证的研究思路。从私人小汽车消费市场的特征入手,首先介绍相关外部性研究的历史与现状,探讨国内外研究成果中有关私人小汽车消费社会成本的基本理论进展和发展趋势,在此基础上尝试建立一个全面系统的私人小汽车消费社会成本的分析框架。其次针对特定地区特定时间——正在高速增长中的中国私人小汽车消费市场的相关情况进行具体分析。

本书主要回答以下几个问题:第一,私人小汽车消费的社会成本体现在哪几个方面? 第二,私人小汽车消费的各类社会成本产生机理是怎么样的? 第三,私人小汽车消费的各类社会成本中的外部成本有多大? 从这三个问题出发,本书研究私人小汽车消费——购置与使用过程中的各类外部成本产生的机理,并通过相关的实证研究分析、估算相应外部成本的大小,从而构建我国城市私人小汽车消费社会成本的研究框架,为政府管理与调控提供所需的实证资料。具体而言,主要从私人小汽车这一具有"炫耀性消费"性质的混合商品消费行为产生的"从众效应"、消费过程导致的交通设施过度提供、相关资源配置不合理、交通拥堵、环境污染等方面详细分析和论证了提高私人小汽车消费的私人成本的必要性。通过对私人小汽车消费的各种社会成本的理论与实证分析,构建我国城市私人小汽车消费社会成本的研究框架,为相应的政府调控奠定理论与实践的基础。

二、结构安排

本书在研究外部性理论的基础上,结合应用了福利经济学、行为经济学理论、公共产品提供理论等相关理论,具体研究私人小汽车消费市场的社会成本。由于私人小汽车消费以城市为主,且随着数量的上升,其外部成本在城市地区体现得更加显著。因此,本书以"城市私人小汽车"为名,并在实证分析中以上海市(或上海市中心城区)为例。

本书正文共分 7 章,第一章为绪论,阐述了研究背景、研究内容、研究思路、主要框架。其余部分具体结构安排如下:

第二章是相关文献综述。首先评述了外部性理论及其历史演进、外部性的计量与矫正等。在此基础上,将外部性从各个角度进行分类,并根据本书内容,对其中的消费外部性、环境外部性和非环境外部性进行重点分析。其次,评述、分析了源于一般外部性的运输负外部性,运输负外部性的历史演进及其主要内容。接着评述了与运输负外部性密切相关的私人小汽车消费外部性方面的文献,分别论述了理论界对私人小汽车消费外部性的观点和主张。运输负外部性的研究已经有了相对完善的分析体系。因此,在分析私人小汽车消费外部性的过程中,借鉴和运用运输行业的外部性的分析思路与方法,十分有助于本书的分析。其中,私人小汽车负外部性的分类部分为下文的研究框架奠定了基础。

第三、四、五、六章对私人小汽车消费社会成本进行系统的分析。

第三章分析私人小汽车的消费行为的社会成本。首先,对我国城市居民出行方式从经济性与便捷性方面进行考察,认为小汽车并不应该是首选的出行方式,因此针对目前的现实情况提出"私人小汽车之谜"。其次,围绕上述问题,尝试通过系统的理论对此进行解释与分析,认为私人小汽车的消费行为会令他人产生一定的"从众效应",从而造成效用损失。实证部分进行上海地区较大规模的调研,通过对调研结果的统计分析来反映私人小汽车的消费行为所引起的从众效应对不同人群造成效用损失的情况。

第四章分析私人小汽车消费与道路提供相关的社会成本。通过分析指出:汽车的增加必然增加对专用道路的需求,然而在提供城市道路时,其中一个重要的成本是不可再生的土地资源。但是目前在城市道路提供的过程中,土地的成本没有被合理的计量,造成了大量公共资源被相对少数的汽车消费者占用,而总体供应量却不断上升,最终导致公共资源的不合理配置。另外,供应量的增加进一步刺激了道路需求的增加,形成了新的供给压力,即需求—供给的循环膨胀。与道路提供相关的社会成本还包括道路的分隔效应与视觉侵扰,本章将对这些方面分别进行详细分析论证,最后尝试对上海城市道路提供的情况及相关社会成本进行实证研究,运用因素分析法得出相关外部成本的数量。

第五章分析私人小汽车消费的拥挤社会成本。首先分析拥挤的时间成本,认为私人小汽车数量的增加直接增加了拥挤的时间,造成了较大的时间成本。其次分析由拥挤直接或间接造成的车祸的成本,并分析认为车祸数量是随着私人小汽车的数量的增加而递增的,但车祸造成的总损失不确定。本章最后以上海为例,分析选择了机会成本法与因素分析法来估算上海地区每年由私人小汽车消费造成拥挤的相关外部成本。

第六章分析私人小汽车消费的环境成本。第一部分讨论私人小汽车消费造成的空气污染和噪音污染的经济成本。并分析其中私人小汽车消费者未承担的外部成本。第二部分结合我国特殊的成品油定价机制，分析私人小汽车消费所承担的燃油成本与实际成本之间的差异。本章最后以上海为例，通过对实际情况的分析，选择运用替代市场法、预防支出法等外部成本的计算方法尝试估算上海市每年由私人小汽车消费产生的污染与能源消耗所造成的外部成本。

第七章是政策选择，对第三至六章所述相关社会成本的理论与实证研究结果进行全面、系统的整理与提炼，力图通过对各类社会成本分析要素与计量结果的比较进一步解释其存在性与存在的状况，即产生外部成本的相应数量，从而为政府部门进一步制定具有针对性的管理政策提供切实的理论借鉴与实践参考。针对这些社会成本，本书指出必须寻求合理的政策或政策组合，来管理私人小汽车的社会成本，将其外部成本内部化，从而保证经济运行的效率与公平。并尝试构建我国管理私人小汽车消费社会成本的政策框架。第七章的政策选择分为两个部分：购置过程中的社会成本管理与购置之后的使用过程中产生的社会成本管理。本章依据上文中揭示的问题，针对购置过程中的社会成本，指出应通过一定的导向型的经济政策，使私人小汽车的消费者对这一典型的钻石商品的购置过程中的给他人带来的效用损失进行补偿。这一部分将分别讨论牌照费这一"准入费"以及对奢侈品征收的消费税这两类政策的合理性，及其对私人小汽车消费产生的效应。针对使用过程中的社会成本，本章依据文中提出的拥堵、污染和过度提供、造成土地资源非有效配置等问题，探讨了直接管制、燃油税、交通拥堵费等一系列政策手段的合理性与调控的效应。本书认为：在管理成本小于外部成本的情况下，必须寻求合理的政策或政策组合，来管理私人小汽车社会成本，从而保证经济运行的效率与公平。同时，政府应通过发展公共交通的方式确保城市各个区域的可达性，从而为小汽车的消费者提供相对公平的环境。

本书的体系及各章的逻辑关系如图 1-2 所示。

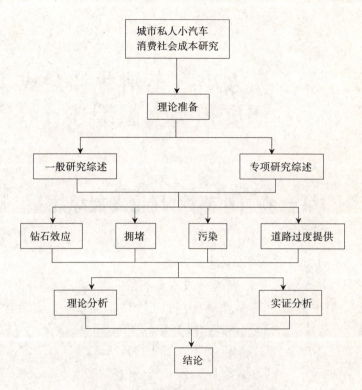

图 1 – 2　本书体系及各章的逻辑关系

第二章 私人小汽车消费社会成本研究相关文献综述①

第一节 外部性②理论发展综述

一、外部性的概念及历史演进

从经济学的角度来说,社会成本是指私人成本与给他人和社会带来的损失之和。其中,给他人和社会带来损失这一现象称为"(负)外部性"。外部性的概念源于英文的"externalities"。在《新帕尔格雷夫经济学大辞典》中,描述外部性的有"externalities"和"external economies",中文分别表述为:外在性、外在经济。在当前相关的中文文献中,一般表述为:外部性、外部经济。辞典对"外在经济"在现代意义上的解释是:在竞争市场经济中的市场价格不反映生产的实际成本,因而产生市场失灵(market failure)。

目前理论界一般认为"外部性"的创始人是 Alfred Marshall。1890 年,Marshall 在他著名的《经济学原理》中首次使用了"外部经济(external economics)"的概念。但也有很多研究者认为:与 Marshall 同时代的英国经济学家,剑桥学派的 Henry Sidgwick 更早地涉及了外

---

① 文献的回顾省略了一部分有关外部性的重要的著作,这是根据本文所阐述问题的需要进行取舍的。

② 外部性、外在性、外部经济、外部效应这些概念在本质上是一致的。本文遵从不同文献的原始用法,没有统一使用。

部性的内涵,看到了社会产品和私人产品不一致的问题。Sidgwick在其 1887 年出版的《政治经济学原理》一书中,提出"个人对财富拥有的权力并不是在所有情况下都是他对社会贡献的等价物",其中便蕴含了现在的"外部性"含义:个人在生产或消费过程中所承担的成本与社会成本不一致。Sidgwick 认为:经济活动中的私人成本与社会成本、私人收益与社会收益之间并非经常一致,并以著名的灯塔为例来说明这个问题。而且,Sidgwick 提出了与以经济学之父 Adam Smith 为代表的古典经济学家的传统观点不同的看法,认为需要政府进行干预,来解决这一问题。

Marshall 在 1890 年的《经济学原理》一书中,在论述生产要素中的组织时指出:扩大一种货物的生产规模而带来的经济效率的提高可分为内部经济(internal economics)与外部经济(external economics)两类,这被普遍认为是经济学文献中对外部经济的第一次论述。Marshall 在文中说,内部经济有赖于某产业企业本身资源、组织和经营效率的提高,外部经济有赖于产业的发展所带来的效率的提高。实质上,Marshall 研究的外部经济是某行业内,企业的外部因素对该企业的影响。

Marshall 在外部经济理论方面开创性的贡献,为后继者提供了启示。首先,它对外部经济的论述从理论上自然可以推出外部不经济的概念。其次,外部经济所衡量的外部因素对企业的影响,从逻辑上可以引申出本企业的行为对产业中其他企业,甚至产业外主体的影响。这些问题,在 Marshall 的继任者 Arthur Cecil Pigou 的著作中得以进一步分析与扩充。在他 1912 年出版的著名的《福利经济学》一书中,Pigou 首次用现代经济学的方法,从福利经济学的角度系统地研究了外部性问题,指出了边际社会产出与边际私人产出之间的差异,从而基本形成了静态技术外部性的基本理论。Pigou 还使用了灯塔、交通、污染等例子说明:在经济活动中,经常存在对第三者的经济影响,即外部性,因而需要依靠政府税收或补贴的方式来解决这一问题。Pigou 的研究思想起源于 Marshall,但与 Marshall"规模经济"的思路不尽相同,他补充了经济活动中的主体对第三者的经济影响,通过对经济活动中"未补偿的损害"、"各种效应、正面的与负面的"等概念的论述,指出这种现象阻碍了经济取得福利最大化。Pigou 还将外部性的范围延伸到了单个的产业之外,还涉及消费者、与产生外部性的主体无直接经济关系方等。

Pigou 之后,又出现了一批经济学家对"外部性"进行研讨与解释,Graaf 在 1957 年出版的《理论福利经济学》一书中,试图对外部性进行概括性的定义:"当一个人的消费影响另一个人的无差异曲线的形状或位置时,其消费产生外部效应;当一个工厂的投入或产出影响另一个工厂的生产函数时,其生产产生外部效应。"这个定义精炼地概括了外部性的两个方面。第一,给他人或社会造成影响;第二,产生影响的一方没有基于该影响得到或支出相应的补偿,因而引起对方效用或成本的变化。

澳大利亚华人经济学家黄有光的《福利经济学》一书中,对此作了较具体的解释概括:如果个人的效用函数(或一个公司的成本函数、生产函数)不仅依赖那些受它支配的因素,同时也依赖于那些并不受其支配的因素,而且这种不受其支配的因素的依赖性并不是通过市场交易而受影响的(市场失灵),那么就存在外部效应。概括说来,就是一方在其生产或消费过程中承担的成本与社会成本不等价。这便是本书所论述的外部性。

二、外部性的分类

学者们从外部性概念诞生伊始就对外部性的分类做了各种尝试,这是对其理论的补充,也有利于从各个角度对其进行更准确深入的了解。Marshall 提出外部经济(external economics)之后,就自然从其逻辑上能推出外部不经济。对此,其弟子 Pigou 进行了系统的阐述。Viner 在《金融性外在经济》(*Zeischrift fur Nationaloekonomie*)一书中,区分了技术外部性与货币外部性。Graaf 在其 1957 年的《理论福利经济学》中,将外部性分为由生产产生的和由消费产生的两类,突破了以往经济理论只重视生产领域的外部性的框架。20 世纪 70 年代后,关于外部性理论的研究全面扩展至消费领域。

此外,从不同的角度对外部性有多种分类方法。如根据外部性产生的时间维度,可将外部性分为代内外部性与代际外部性,根据外部性影响的空间维度,可将外部性分为国内外部性与国际外部性,根据产生外部性的前提条件,可将外部性分为竞争条件下的外部性与垄断条件下的外部性等等。

由于本书的主题是私人小汽车消费的负外部性,因此,文章在这里将着重于生产外部性和消费外部性的区分。

关于生产外部性和消费外部性两者的区别,Graaf 在阐述中区分得比较清楚:生产外部性是由生产引起的对其他生产性组织的生产函数的影响,消费外部性是由消费引起的对他人的效用产生的影响。尽管 Graaf 准确地区分了生产与消费的界限,但其区分与定义是不全面的,他没有考虑到生产对非生产性个体的影响及消费对生产性组织的影响。

这方面的问题,黄有光进行了全面的补充。他将外部性分为四种:第一,正的生产外部性,指在生产中给其他生产者或消费者带来经济利益;第二,负的生产外部性,指在生产中给其他生产者或消费者造成损害,增加了他们的成本;第三,正的消费外部性,指在消费中给外界带来的利益;第四,负的消费外部性,指在消费中给外界造成的损害。

我国学者王传伦和高培勇对外部性进行了更细化的划分。他们根据外部性的承受方、发生方和外部性的结果这三方面的组合,将外部性分为消费活动产生正消费外部性、消费活动产生正生产外部性、消费活动产生负消费外部性、消费活动产生负生产外部性、生产活动产生正消费外部性、生产活动产生正生产外部性、生产活动产生负消费外部性和生产活动产生负生产外部性八种。其中,消费活动产生负消费外部性,即个人或家庭因别人或别的家庭的消费活动而受损,以及消费活动产生负生产外部性,即某厂商因个人或家庭的消费活动而受损这两方面是本书的范围,其发生方是消费私人小汽车的个人或家庭。

三、外部性的计量

通过以上对外部性的分析,可以知道:外部性会造成他人生产成本与效用的变化。生产成本是显性的,相对易于衡量。而效用是一种心理的感受,相对隐性而难以衡量。因此,研究外部性的计量,即如何计算外部成本,是一个极为复杂的技术性问题,但这方面的研究又是非常必要而有意义的。对外部成本科学准确的衡量有利于有针对性地采取相应的矫正方法,对消除市场失灵、提高经济效率、促进社会公平意义重大。

对外部性的计量研究,福利经济学的创始人 A. C. Pigou 建立了初步的体系。按照其福利经济学的观点,经济活动的外部经济或外部不经济,是这种经济活动行为对社会的影响与对个人的影响之间的差值。单纯就外部不经济而言,就是经济活动中社会承担的总成本与活动行为主体承担的成本的差值。或者说,社会成本是私人成本与外部成本之和。在外部经济情况下,外部成本是负值,而在外部不经济情况下,外部成本是正值。如果用 SC、PC、EC 分别表示社会成本、私人成本和外部成本,则社会成本可表示为 $SC = PC + EC$。如果用 MSC、MPC 和 MEC 分别表示边际社会成本、边际私人成本和边际外部成本,那么 $MSC = MPC + MEC$。其数学意义就是不同产出水平时的边际私人成本曲线与边际外部成本曲线垂直相加。用图形表示就是:

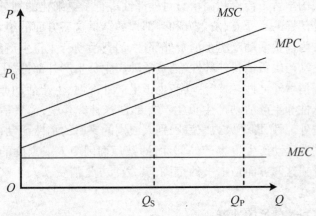

图 2 - 1　MPC、MEC 与 MSC 间的关系

　　基于上述分析,以 Pigou 为代表的一批经济学家认为:应该通过国家干预,采取税收和补贴等方法解决外部性问题。Pigou 认为,通过这种征税和补贴,就能实现外部性的内部化。这里也可用图形表示。图 2 - 2 中,MEC 表示的边际外部成本曲线向右上方倾斜,表示随着生产规模扩大,污染排放量增加,边际外部成本逐渐上升。合理的税收水平为与 Q_E 相对应的 MEC,即 t。税后边际私人收益 MPB 曲线下移至 $MPB-t$,表示外部成本内部化之后的私人成本的增加,从而私人收益减少。

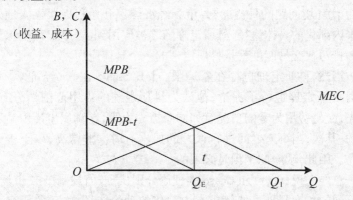

图 2 - 2　庇古税对 MPB 的影响

　　庇古税在经济活动中得到了广泛的应用,"谁收益,谁投资"与"谁污染,谁治理"政策,都是庇古税理论的具体应用。但是 Pigou 的理论也存在着一些局限性,比如:Pigou 假设政府是公共利益的代表,能自觉按照公共利益对产生外部性的经济活动进行准确的干预。但实际上,公共决策存在很大的局限性,而且政府不可能拥有足够的信息,知道引起外部性和受其影响各方的边际成本或收益。此外,Pigou 没有考虑政府干预本身需要花费的成本。

　　R. H. Coase 在 1960 年发表的著名的《社会成本问题》一文中,一反古典经济学的传统,批判了 Pigou 关于矫正外部性的观点,提出:政府的干预并不是必要的,外部性问题可以通过重新分配产权得到解决。此即著名的科斯定理(Coase Theorem)。具体来说,即当交易成本为零时,人们之间的自愿合作会将外部性造成的社会成本纳入交易当事人的成本函数,从而导致最佳效率;在交易成本为正时,法律规则中产权的界定对外部性问题的解决有着重要的作用,政府要做的是明确界定产权,通过产权之间的资源交换来达到资源的最佳配置。

Coase 的贡献是将 Pigou 的理论纳入了自己的理论框架,进一步巩固了经济自由主义,强化了"市场是美好"的愿景。随着 20 世纪 70 年代环境问题的日益加剧,市场经济国家开始积极探索实现外部成本内部化的具体途径,科斯定理随之被应用到实际中,环境保护领域的排污权交易制度就是科斯定理的一个具体应用。

当然,科斯定理也存在着局限。J. E. Stigliz 在其《经济学》一书中对科斯定理进行了评论,他认为科斯定理的应用范围十分有限。首先,交易费用为零的情况就如同摩擦力为零,在真实生活中是不存在的;其次,当事人之间进行谈判的成本有时会非常高,以至于无法交易。因此,政府的干预是必须的。

总的来说,Pigou 和 Coase 的理论分别从"政府规制"和"市场"两个不同的角度开创了外部成本内部化的理论体系,之后的研究主要是围绕着这两条主线展开的,并在环境等领域进行了进一步的探索。

四、一般外部性理论文献综述总结

对于西方一般外部性理论方面的研究,我国学者作过较为详细的评述。沈满洪、何灵巧认为外部性理论发展经历了 Marshall 的外部经济、Pigou 的庇古税和 Coase 的科斯定理 3 个阶段。新兴古典经济学理论虽然对外部性提出了一定的挑战,但是不能否定外部性理论。向昀、任健在前人的研究成果之上,对外部性理论的提出和演进进行了回溯,认为对外部性理论的研究与经济学发展进程是一致的;在研究方法上,外部性理论和环境经济学的研究方法已相互融合;以产权理论为代表的新制度经济学的理论与研究方法在外部性理论中得到了广泛的应用。俞海山、周亚越认为,以往的外部性研究,对消费的外部性研究不够。但在现实中,某些方面消费引起的环境问题已经超过了生产引起的环境问题。如中国生活消费引起的 COD 排放量从 1999 年起就超过了生产所引起的 COD 排放量。因此,目前对消费外部性做专门研究已显得十分迫切。

本书借鉴、参考了前人的观点,对一般外部性理论作出如下的述评:

第一,一般外部性理论发展的方向与西方经济学理论的发展方向是一致的。从对外部性概念、理论的修正与深化以及在现实中的应用,都与西方经济学说史本身演变的进程并行不悖。对外部性研究中的 Pigou 的政府规制和 Coase 市场交易的思想,就是 18 世纪亚当·斯密古典政治经济学的自由思想和 20 世纪三四十年代凯恩斯政府干预理论的体现。1871 年开始的"边际革命"为外部性的定量研究奠定了基础。外部性理论也深化了人们对市场经济的认识(刘笑平、雷定安,2002),因此,外部性理论可以说是西方经济学理论大树上的一枝生机勃勃的枝丫。

第二,外部性理论与其他学科的融合程度正在日益增加。当前的外部性理论,已经汲取并融合了社会学、生态学、环境学、交通运输学等学科的理论和方法,外部性理论成为经济学与各学科的交叉点。特别是 20 世纪 90 年代以来,外部性理论与环境学的交叉性与跨学科研究的特征越来越明显,已经形成了环境经济学这一门年轻的学科,将环境资源这样一种特殊的生产要素与财富、成本、收益和价值等联系起来,形成了可持续发展思想的理论依据。

第三,对消费外部性的专项研究有待进一步开展。Marshall 最早论述的外部经济,是围绕着生产过程中的经济现象展开的。随后的研究,无论是理论分析还是实证分析,几乎都是关于生产外部性的。Pigou 和 Coase 的研究中,也没有将生产外部性和消费外部性进行区分。如果说 Marshall 他们的时代,消费在经济中的地位并不显著,因此可以在研究中不予重视的话,那么现在,随着生产力的发展,消费水平已今非昔比。根据《2010 中国统计年鉴》,我国居民消费占我国 GDP 的比重在 2009 年达到 45.4%,加之政府一贯强调的拉动内需的政策导向,其重要性不言而喻。大量的消费造成的外部性已不可忽视,需要专门进行相关的研究。但是消费外部性的研究有其特殊性:消费外部性相对于生产是比较分散的。因此其复杂性较大,研究难度较高。本书尝试分析私人小汽车消费的外部性,希望迈出消费外部性专项研究在这一方面的步伐。

第二节　运输①负外部性理论发展综述

一、运输负外部性概念及历史演进

早在 1776 年亚当·斯密的《国富论》中,就论述了交通对城市和地区经济繁荣所起的促进作用,他在论述政府在交通设施方面开支时指出:"一切改良中,以交通改良为最有实效。"这里就蕴含了交通运输的外部性:给社会带来的收益要大于交通运输提供方自身得到的收益。

1867 年,马克思的《资本论》第二卷出版,书中用相当的篇幅论述了铁路和航运对资本主义大工业的作用。二战后,随着西方汽车工业的发展,以及经济学在宏观和微观理论方面的进步,越来越多的学者对运输的外部性产生了浓厚的兴趣。

根据英国经济学家肯尼思·巴顿 1993 年再版的《运输经济学》中对运输的外部性的界定——运输的使用者(不管是生产者还是消费者)对未使用的公众造成的福利损失,运输的负外部性得到了揭示。由于运输负外部性涉及的种类较多,因此相关的专门研究一般专注于其中的某个或某些方面。Walters 对道路拥挤产生的外部性进行了量化的分析,并讨论了最佳收费的问题。20 世纪 60 年代起,污染问题日益引起了人们的关注,外部性的研究与环境的关系逐渐加深。运输负外部性一方面表现为自然环境压力的加重,如空气污染、噪音污染等。另一方面表现为交通事故风险的增加以及更加严重的交通拥挤问题,特别是近年来,运输服务的供给能力和运输需求

---

①　英文为 transport,因此也称之交通外部性,两者含义相同。

迅速增长,全社会对环境也日益关注,运输负外部性关系到广泛而深刻的经济、社会甚至政治问题,正日益受到学术界的重视。

二、运输负外部性的分类

Rothenberg 针对运输负外部性提出了一种二分法,在运输领域内它可能比某些复杂的分类方式更加有用。他将运输负外部性统一称为"普通拥挤",而"普通拥挤"又可分为纯污染和纯拥挤两类。Rothenberg 指出,纯污染指一些使用者滥用生活环境,而另一些人则成为这种滥用的受害者,可以理解为运输工具的数量超过了环境所能承受的限度之后对环境造成的破坏。纯拥挤则是公路交通中典型的外部性。

Werner Rothengatter 将运输负外部性划分为三个层次:运输与环境、人力资本等非再生资源相互作用产生的外部性,如环境污染、交通事故等;运输系统内部的相互作用而产生的外部性,如交通拥挤等;运输与政府、私人生产者和消费者相互作用而产生的外部性,如政府对运输业的价格管制,要求其以低价提供服务,使用户得到的额外收益等。Rothengatter 2000 年的研究结果对此前的划分进行了一定的修改,认为运输负外部性包括 4 个层次,第一是基础设施供给产生的影响;第二是运输系统内部使用者之间的相互影响,即通过无意的交互作用导致的非效率;第三是由不应该付费的群体错误地支付了基础设施费用产生的现金流错置,即纳税人支付了比他们享有的公共服务价值多的费用,而私人使用者支付了比他们实际使用的基础设施能力价值少的费用;第四是运输设施的行为影响到运输部门以外的群体,降低了整体市场效率。

Rothengatter 对运输负外部性的分类相对于他的前人来说比较全面,因而他之后的学者在讨论该问题时在一定程度上重复了其中的部分主要观点。

英国的 David M. Newbery 认为:交通产生了大量的成本,其中的环境成本基本上由社会承担,因此造成了严重的价格信号扭曲,进一步造成了交通决策的错误,加大了对社会整体福利的损害,此即市场失灵现象。Newbery 将外部成本分为 3 类:第一类外部成本主要被其他同时使用道路的人承担,这些成本在他们进行运输活动决策时没有充分加以考虑,比如说拥堵和车祸;第二类外部成本是由于环境污染对人们和人们的后代造成的损害,如运输工具排入大气的颗粒、氮氧化物等,这些物质对人体健康和环境会造成直接的影响,噪音也会对人们正常的生活造成负面影响,空气中二氧化碳含量的增加会导致全球变暖以及一系列的环境危机;第三类外部成本有关交通投资、交通需求和土地使用。

　　Quinet 等对运输成本的构成作出了类似 Newbery 的分类,并对总成本作出了具体的分解,如表 2-1。

表 2-1　运输成本结构

总成本	外部成本	环境成本	生态破坏 能源消耗 噪　音 空气、水、土壤污染 风景破坏 震　动
		拥　堵 事　故 空间使用	
	内部成本	基础设施建设	
		私人直接成本	燃　料 车辆维修 保　险 税 车辆折旧

资料来源:转引 Quinet, Emile; Vicherman, Roger 'Principles of Transport Economics' MPG Books Ltd. 2004, P121

　　运输成本的分类对分析重要运输工具之一的私人小汽车消费的社会成本提供了十分可借鉴的框架,在后文的分析中将进行进一步的分析。

三、运输负外部性的计量

肯尼思·巴顿认为:将外部性转换成货币值是了解运输特性有用的方法。在运输经济学中,至少就某些外部性而言,其货币化的方法确实能提供合理的指导以求得相关外部效应的价值,即外部效益或成本。下列方法开始时是针对运输中某类特定的外部性设计的,但对计量其他种类的外部性也有很大的参考价值:

第一种是历史判例法。这方面的判例是对造成环境损害进行赔偿的法律裁决。这种计量方法虽然看上去比较有道理,但是具有严重的局限性。这类方法比较适合对交通事故中伤亡的估价,而且只存在于已确立权利的地方,但这些权利很少扩展到环境方面。因此,对大气、环境等方面的损害一般也同样在依法裁决赔偿之外。

第二种是预防支出法,也称规避行为法。运输对环境的许多不利后果可以通过在事先采取一些预防措施加以减轻,从而估计环境破坏成本的一种方法是对避免该影响的成本进行计量。这种方法的主要问题是难以从与其他利益有关的整体支出中分离出为环境原因的特定支出。

第三种是显示性偏好法。在某些情况下,环境资源的消费者通过自身的行为,含蓄地显示他们对环境资源的估价。他们宁愿牺牲一些金钱利益作为交换来限制环境资源的使用或者获得一些环境利益。如:买较贵的房子以远离喧闹的公路、繁忙的街道等。显示性偏好方法通常需要进行复杂的计量经济分析。因为多数商品涉及各种各样的属性,而环境因素只是其中的一小部分。因此,必须掌握有关决定房屋选择过程的因素的大量资料,以了解环境影响的价值。而既定偏好法不是通过观察实际交换情况来计量环境成本,而是力求从个人在遇到特殊情况时所作的交换中得到信息。其中最常用的就是问卷调查的方法。这种方法设法定义不存在的市场,可以得出一些启示性的结果。

第四种是成本法,用来评价环境状况变化带来的社会和心理损失,包括疾病成本法和人力资本法。前者以损害函数为基础,将人们接触到的污染对健康的影响联系起来,计算所有由于疾病引起的成本;后者用于计算因污染引起的死亡成本,通过对损失的生产力的贴现来计算相关成本。这种方法计算出的成本可以视为将社会与心理损失恢复到先前的状态的支出,但货币化后的成本与实际损失必然有一定差异。

这些方法虽然都有一定的局限性,但是都从不同的角度对运输外部成本的计量研究提供了十分有价值的参考。在实际运用的过程中,可以根据不同的条件与研究的需求进行选择和调整。

对运输外部成本矫正的方法研究,也是按照 Pigou 和 Coase 的"政府规制"和"市场"这两大流派展开的。从 Pigou 开创性的收取排放费的观点以来,学者们对多种方法进行了研究。

第一种是"污染者付费"方法,这主要是针对运输外部成本中的环境污染方面。第二种是制定控制外部成本的实际规章,通过制定限制性规则或直接控制运输量,来达到期望的产出量 Q_E。第三种是收取"拥挤费",这主要是针对运输外部成本中的拥堵方面。这种方法与污染费一样,使汽车驾驶者向受到影响的公路使用者付费,利用价格机制在一定程度上控制公路的交通量。当然,"拥挤费"的方式也有一定的局限性,从收费的设计到对所征得收入的处理,在各地都有比较复杂的情况,具有一定的争议。还有一种可以直接影响运输外部成本(污染和拥挤)的是为驾驶者提供一定的补贴,鼓励他们转向更合乎社会需要的运输方式。但是,在日益市场化的当今,这种政策已渐渐淡出。

四、运输负外部性理论文献综述总结

本书试对运输负外部性的相关理论文献作如下总结。

首先,运输行业是宏观经济运行系统的重要组成部分,因此,运输负外部性的相关理论可以说都源于一般外部性。在具体的问题上,运输负外部性又有其特殊的方面,既源于外部性而又有其独特性,这方面的分析是对一般外部性分析的特定化和具体化。这样的研究随着社会的演进和经济研究的深入,将会不断地涌现。一般和具体的统一,又是经济学理论魅力所在。

第二,目前对运输负外部性的研究重点,在生产性运输方面。对

消费性的运输缺乏专门的研究。因为消费性运输的需求有其特殊性，而且需求量的增加迅猛。如何看待、衡量经济发展过程中消费性运输的外部性是一个新的且十分有意义的问题，因此专门对这方面的研究十分迫切。

　　本书的主题是私人小汽车消费的负外部性，而私人小汽车是运输系统重要的一部分。可以说，运输系统的各种负外部性，小汽车或多或少都会产生。而且，运输负外部性包含了运输系统的生产和消费两个方面，小汽车消费的负外部性就是其中道路运输中的消费负外部性方面。可以说，小汽车消费的负外部性是运输负外部性的有机组成部分。对于运输负外部性的研究，学术界已经有了相对完善的分析体系。因此，在分析私人小汽车消费负外部性、从而了解其社会成本的过程中，借鉴和运用运输行业的分析思路与方法，十分有助于本书的分析。

第三节　私人小汽车消费负外部性理论发展综述

一、私人小汽车消费负外部性概念与分类

　　经过几十年的探索与改进，19 世纪末，轿车正式登上了历史舞台，人类生活翻开了崭新的一页。但在轿车还没有流水线生产之前，它只是上流社会的一种特权。美国人亨利·福特于 1913 年首次在轿车生产中采用了"科学管理"的方法，以流水线作业和标准化批量生产 T 型小汽车，从而大大促进了小汽车在美国的普及。二战后，小汽车开始在各国，特别是发达国家和一些发展中国家渐渐普及。

　　这一现象，广泛而深刻地影响了社会生产方式和生活方式，但同时也引起了日益严重的社会问题，如污染、交通拥堵、车祸导致的死亡和伤残等。这在一些论述运输负外部性的文献中就有涉及。根据负外部性的定义，私人小汽车消费负外部性的研究对象主要是相关成本，是实证分析，而不是规范分析，因此并不作出私人小汽车消费

是利还是弊的结论,而是提供成本分析方法和测算,从而为决策者提供数据,以制定有效的政策来确保社会资源合理有效的利用。

Newbery 在研究对道路使用者的收费问题时,提出了车辆的四类社会成本。这为私人小汽车消费负外部性的分类提供了很好的借鉴。Newbery 将车辆的社会成本分为:道路损坏成本、拥堵成本、车祸成本与环境污染成本。这四类成本的划分与他对运输成本的划分基本一致。

Litman 对汽车运输的成本从内部、外部和可变、固定等角度进行分类:

表 2-2 汽车运输成本分类(斜体部分成本为非市场成本)

类　别	可　变	固　定
内部(消费者承担)	燃　料 短期停车 车辆维护(部分) *消费者事故风险*	购　车 注　册 保　险 长期停车设施 车辆维护(部分) 道路建设(根据实际情况而定) 交通规划(根据实际情况而定)
外　部	道路维护 交通执法 保险赔付 拥堵迟滞 *环境影响* *未抵补的事故风险*	道路建设(根据实际情况而定) *免费或补贴停车* 交通规划(根据实际情况而定) 交通灯 *土地使用* *社会不公平*

资料来源:Litman,T. *Transportation Cost Analysis*:*Techniques*,*Estimates and Implications* British Columbia, Canada:Victoria Transport Policy Institute, 1996

表中的一些分类与其他学者有所不同,但该分类的经济学意义与对公共决策的启示是一致的。Zegras 认为,成本的分类决定了私人决策和公共决策。对消费者来说,他们的决策主要受到其中的内部成本的影响。而到目前为止,公共部门的决策主要基于直接的市场成本。因此,非市场成本,特别是固定、长期的外部成本经常被低估,造成效率与公平的缺失。

俞海山等分析总结了轿车消费的环境外部性、拥堵外部性与事故外部性。除了国内外学者从经济角度的分析,我国清华大学学者王蒲生从轿车损害他人交通权与造成巨大的环境破坏这两个方面,论述了轿车使用的外部性,在分析中融入了伦理的判断。他认为这种现象造成了社会的公平性与公正性问题,还认为:以轿车为主导的交通系统是车祸泛滥的深层原因,强调了轿车在交通系统中突出的负外部性。

事实上,无论从理论还是实践方面来说,作为重要交通运输工具的私人小汽车具有所有的运输负外部性。不仅如此,本书研究的是私人小汽车的整个消费过程,因此其外部性的内涵和外延不但应该完全涵盖,而且应该超过单纯的运输负外部性。针对此,黄有光指出人们对私人汽车的偏好,不但有非理性的过度物质主义,还有消费上的三大外部性成本:炫耀性消费、拥挤和空气污染。虽然黄有光对私人汽车消费外部性的分类不尽完整,但他对其"炫耀性消费"性质的提出从一个全新的经济学和社会学角度揭示了私车消费另一类不为常人重视的负外部性,也为本书分析框架的构建提供了启示与有力的支持。因此,本书将涉及"炫耀性消费"的消费行为也纳入私人小汽车消费负外部性范畴,与道路过度提供、拥堵、环境污染和能源消耗共同构成负外部性分析框架。

二、私人小汽车消费负外部性的计量

私人小汽车消费负外部性与前文所述的运输负外部性的性质很大程度上是一致的。在相关的研究文献中,运输负外部性与绝大部分私人小汽车消费负外部性均表现为自然环境压力的加重、交通事故风险的增加以及更加严重的交通拥挤问题。因此,对私人小汽车消费负外部性,即其外部成本的计量,完全可以借鉴有关运输负外部性计量的思想与方法,并根据私人小汽车消费的特殊性进行调整。

Keeler 和 Small 对城市交通中汽车成本的分析是最有影响力的相关研究之一,其成果经常被后续的研究者引用。他们在对美国旧金山湾地区高峰时期汽车使用成本的测算中,通过对汽车出行过程的分割和出行距离的分类,首次尝试对汽车消费的非市场成本和直接成本进行定量分析。他们还通过建立统计成本模型,估算了公路的资本和维护成本、公共成本、事故和停车成本等内容。Fuller 等使用美国 1976 到 1979 年的数据和 1985 年的预测数据,利用各种模型对于高速公路相关的边际成本、总成本等进行详尽的计算,试图提供对汽车外部成本完整综合的计算框架,特别是噪音方面的外部成本。

Litman 的研究为之后汽车消费的负外部性奠定了坚实的基础,他比较了 11 种交通方式的外部性,从效率、公平、土地使用等方面进行了分析。他对汽车交通外部性的预测主要如下表:

表 2 – 3 美国汽车消费成本:1994(Billions of 1994 dollars)

区 域	内部成本	外部成本	总成本
城区高峰时段	327	281	607
城区非高峰时段	653	313	966
郊 区	589	184	773
总 计	1 569	778	2 347

资料来源:Litman,T. *Transportation Cost Analysis*:Techniques, *Estimates and Implications* British Columbia, Canada:Victoria Transport Policy Institute, 1996

在对时间价值的研究中,Litman 假设每位驾车者的时间价值为平均工资的50% ,即每小时 12 美元。根据 Litman 的计算,汽车消费的内部成本大约为 1. 6 万亿美元,占总成本的2/3,外部成本大约占总成本 1/3。

Levinson 等通过建立长期、短期平均成本和边际成本方程对汽车交通的外部性进行定量分析。并通过文献研究、假设等方式获得并处理数据,对交通事故、交通拥堵、噪音和空气污染这四类外部成本进行分析。Levinson 的研究中,基础设施的成本假设为使用者所承担,因此未列入外部成本。

综合国外一系列具有代表性文献中的计量方法,可以发现学者在相关研究中的相似之处:主要通过权威部门、研究机构、研究文献和实际估算获得数据,并通过模拟运算获得结果,这为研究我国的相关情况提供了有益的借鉴。

Crandall 等对西方内部化汽车外部成本的方法进行了总结,认为学术界到 20 世纪 60 年代左右基本达成共识——政府必须肩负起管制汽车尾气排放和安全问题的责任。可以采取的措施主要有:强制汽车制造商达到一定的安全标准、尾气排放标准、油耗标准等。

我国的郑也夫认为:通过收费使排污者同社会进行强制性交换,可以从经济上限制一部分私车的消费。经济学家茅于轼认为:最有效的措施是增加消费者的各种规费和停车费用。这些都是由政府参与制定规则,通过市场手段限制私人小汽车消费量、将外部成本内部化的手段。在具体选择实施的时候要根据特定的环境和所针对的外部成本的类型而定。

三、私人小汽车消费负外部性理论文献总结

结合本书的重点,本书对私人小汽车消费负外部性的文献作如下总结与评述:

首先,近 20 年来学者们对私车消费的负外部性进行了大量的研究,但由于会计体系、分析方法、假设前提、分析对象和数据来源等方面的不同,得出的结论区别很大。多数学者(如 MacKenzie 等、Mille 等、Litman)认为汽车使用者远没有承担其相应的社会成本,而有一些学者(如 Green、Beshers)认为汽车使用者支付的各类费用已经对社会成本进行补偿,Dougher 更是认为使用者的支付已经超出了相关的政府补贴。

其次,当前对私人小汽车消费负外部性的专项经济学研究在国内外尚没有一个完整的体系与相关的尝试。从负外部性的分类来看,各学者有不同的体系,但都不尽完整。到目前为止,理论界尚没有普遍接受的体系,对汽车消费的负外部性进行完整全面的分析,国外的研究多为其中某一特定方面的研究,如环境污染、交通拥堵等。国内的王蒲生主要从哲学、社会学的角度进行论述,认为私车有损社会公正和公平,但没有进一步的实证研究。俞海山的创新之处是消费外部性的人口学分析,对私人小汽车的负外部性只是作了相对简

要的介绍。

第三,私人小汽车的消费负外部性与各国的实际情况关系十分密切,如经济发展状况、人口状况、资源状况等。中国有关私车消费的政策必须将其负外部性和国情密切联系。在目前情况下,中国解决私车消费中负外部性的问题已十分迫切,应借鉴有关国家卓有成效的管理方式,促使外部成本内部化,促进经济效率与社会公平。

因此,在上述基础上,本书尝试建立一个相对完整的私人小汽车消费外部成本分析体系。除了黄有光提出的炫耀性消费、拥堵和环境污染之外,还有一个交通设施过度提供的问题。这是基于1962年,美国交通管理工程师唐斯对交通需求与道路提供关系的论述,即著名的"唐斯定律"分析而得。此外,车祸的外部成本可以归入"拥堵"。这是因为,如果将拥堵视为车辆增加的结果的话,那么车祸也是由于车辆增加,造成相互碰撞的可能性增加的结果。因此,本书将私人小汽车消费外部成本分为四类:炫耀性消费、道路过度提供、拥挤、环境污染,即 $C(c_1, c_2, c_3, c_4)$,并选用合适的方法,对各类外部成本进行定性与定量的描述与分析。

第三章　私人小汽车消费行为[①]的社会成本研究

第一节　"私人小汽车之谜"——以上海市为例

一、上海居民出行方式比较

随着城市经济的发展和居民收入的增加,私人小汽车消费近年来快速增加。下表反映了上海市私人小汽车消费的增长情况。

表 3 – 1　上海市私人汽车历年数量(万辆)

年　份	载客总计	大　型	中　型	小　型	微　型
2003	22.13	0.01	1.96	17.91	2.25
2004	31.47	0.02	2.48	26.32	2.65
2005	40.97	0.02	2.80	35.25	2.90
2006	50.91	0.02	2.80	45.12	3.00
2007	61.25	0.02	2.62	55.57	3.04
2008	71.99	0.02	2.38	66.59	3.00
2009	84.95	0.04	2.17	79.67	3.07

资料来源:历年《中国统计年鉴》,中国统计出版社

---

①　本书中,消费指私车的购置与使用。本章的"消费行为"讨论购置环节的社会成本与外部成本。

　　如表 3 - 2 所示,私人小汽车绝对增量每年持续加大,而大中型客车数量则转为负增长。

表 3 - 2　上海私人小汽车历年增长情况(万辆)

年份	微型与小型总计	微型与小型总计年增长量	微型与小型总计年增长率	大型与中型总计年增长率
2003	20. 16	/	/	*N/A*
2004	28. 97	8. 81	43. 70%	26. 90%
2005	38. 15	9. 18	31. 69%	12. 80%
2006	48. 12	9. 97	26. 13%	0. 00%
2007	58. 61	10. 49	21. 80%	− 6. 38%
2008	69. 59	10. 98	18. 73%	− 9. 09%
2009	82. 74	13. 15	18. 90%	− 7. 89%

资料来源:表 3 - 1 计算而得

　　上述数据尚不包括上海车主为了规避牌照费而上外地牌照的小汽车,据市交警部门统计,该存量远在 10 万以上。可见,私人小汽车已经越来越多地进入个人家庭,特别是城市个人家庭,已经成为居民常用的出行方式之一。

　　为了深入了解地区交通情况,制定正确的城市交通发展政策,我国各省市从上世纪 80 年代中期起就已纷纷进行了综合交通调查,其中有一项就是研究居民的出行方式。在上海市政府的主持下,上海市规划局、城市综合交通规划研究所等部门单位也曾经分别于 1986、1995、2004 年和最近的 2009 年在全市范围内进行了三次综合交通大调查,目的在于准确把握上海城市交通的实际情况,为上海城市规划的进一步完善提供科学的数据基础。

　　上海交通综合调查的前两次,即 1986 年、1995 年的调查中,有关居民出行方式结构的结果如下表所示:

表 3 - 3　上海居民出行方式结构(%)

调查年份	公共交通	自行车	步行	班车	出租车	摩托车	其他
1986	36.11	24.22	36.26	2.34	0.20	0.14	0.72
1995	22.90	34.40	36.50		1.50		4.70

资料来源:转引黄健中《1980 年代以来我国特大城市居民出行特征分析》,《城市规划学刊》2005.3

调查的结果显示,在上世纪八九十年代,上海市民的出行方式主要是公交车、自行车和步行。班车、出租车和摩托车等其他方式是辅助的出行方式,占的比例非常小。

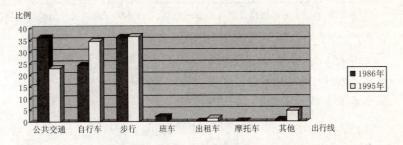

图 3 - 1　1986 年与 1995 年上海居民出行方式结构比较

1986 到 1995 这 9 年间,步行的比例基本没有变化,而公共交通的比例显著下降,这主要是由于这段时间内,人口及人均出行需求的增加引起的公共交通需求较快,而公共交通供给相对滞后导致公交出行条件恶化,居民转向其他方式而造成的。结果还显示,减少的公交出行大部分转移到了自行车出行方式。班车与摩托车的调查数据在 1995 年的调查中没有获得,相关的资料显示并没有显著变化,而出租车的比例有所上升。虽然绝对比例仍较小,但是相对第一次调查结果,第二次增加了 650%。这也是因为那段时期,上海公交体系整体不完善,随着经济的发展与收入的增加,公众逐渐增加了对出租车的需求,出租车出行增长非常快。

"其他"类主要指社会客车,其中以私人小汽车为主,还有部分客货两用车。从调查结果可以看到,从 1986 到 1995 年间,上海居民以私人小汽车方式出行的比例上升速度非常快。即使假设其比例在"其他"类中不变的话,9 年间也增长了近六倍。这是因为从 80 年代起,尤其是到了 90 年代,国内汽车产业快速发展,因此私人小汽车消费增加显著。

第三次,即 2004 年第三次全市综合交通大调查的结果如下表:

表 3-4 上海居民出行方式结构(%)

调查年份	轨道交通	公共汽(电)车	出租车	社会客车	摩托车	助动车	自行车	步行
2004	3.6	20.8	6.2	11.0	1.2	4.3	20.6	32.3

资料来源:转引上海城市综合交通规划研究所《上海市第三次综合交通调查成果简介》,交通与运输 2005.6

由表 3-4 可见,从 1995 到 2004 的 9 年间,除了原先方式比例的变化之外,有关居民出行方式由于轨道交通的运行与助动车的普及,结构更加丰富。

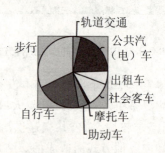

图 3-2 2004 年上海居民出行方式结构

从调查结果可见,轨道交通的开通分流了一部分公共汽车的乘客;自行车使用频率有所减少,而新增了助动车的方式;出租车与社会客车的使用大幅度增加。根据相关资料,社会客车的增加量基本上是以私人小汽车为主的私人客车。上世纪 90 年代中后期到本世纪以来,我国国内汽车产业进一步发展、汽车市场全面开放,私人小汽车正进入越来越多的家庭。

最近一次的综合交通调查于 2009 至 2010 年在全市范围开展，根据上海市第四次综合交通调查办公室 2011 年 3 月公布的调查报告，小汽车的出行比重达到 20.9%。如果不考虑步行方式的话，私人小汽车的出行比重高达 27.1%。

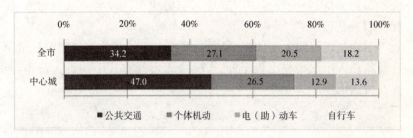

图 3-3　全市、中心城出行方式结构(不含步行)①

如果以经济人的假设前提来解释私人小汽车在出行方式中的比重增加的话，一个解释就是：对至少 20% 以上的上海居民来说，私人小汽车是相对经济便捷的出行方式，这种情况下，追求自身收益最大化的经济人才会选择该方式。那么，这个解释是否站得住脚呢？接下来通过对居民主要出行方式的成本比较来进行分析。

二、上海居民出行成本比较

调查显示：上海市区居民出行的强度为 2.38 次/日·人，平均出行的里程为 6.9 公里/次②。本书将通过这些情况，分析各种出行方式的成本。

私人交通中，步行无疑是最经济的一种方式，其成本几乎可以忽略不计，特别适合短途(15 分钟之内)的出行。自行车等方式，除了

①　公共交通包含轨道交通、地面公交、出租车，近年来，轨交出行量大幅上升，地面公交与出租车出行量基本稳定。个体机动方式包含小客车、大客车、摩托车，其中小客车出行占 90% 以上。
②　由于第四次交通综合调查报告未提供市民出行强度与平均出行里程，这里采用第三次调查的数据。

一次性的购置成本,平时的变动成本也十分低,一般情况下,只需要一些简单的维护,适合中等路途(15 到 30 分钟)的出行。长途出行的情况下,居民们将大多数选择公交车与轨道交通的公共交通方式。这些方式不需要购置私人交通工具所花费的固定成本,只需支付相应的票价,可视为变动成本。其成本与出租车这样的公共交通方式相比相去甚远。

下表从出行成本的角度,根据上海市现行的公共交通票价标准,计算除私人小汽车与出租车外,居民主要出行方式平均每人每年需要花费的成本。

表 3 – 5　上海居民部分出行方式成本(元/年)

出行方式	固定成本	变动成本	总成本
步 行	0	0	0
自行车	40①	0	70
助动车	620②	751.1③	1 371.1
公交车	0	1 737.4	1 737.4
轨道交通	0	3 474.8	3 474.8

资料来源:作者根据相关数据计算得出

以上出行方式,从经济角度来看是明显优于出租车和私人小汽车的,但是它们也有各自的不足之处。步行、自行车受出行里程的影响较大,不适合较长距离的出行。助动车驾驶者长时间暴露在户外,驾驶压力较大,舒适性较差。而乘坐公交车、轨道交通在大多数情况下都需要一定的等待、转乘,在高峰时期还需要在途中

---

① 假设价格 300 元的中档自行车,折旧 10 年,年均维修费用为 10 元。则固定成本为 30 + 10 = 40。

② 假设价格 4 000 元的中档助动车,国家标准 8 年使用期限,牌照费 4 000 元,则固定成本为 4 000/8 + 4 000 × 3% = 620(假设使用一年期利率,为 3%)。

③ 以 2009 年车用液化石油气价格 3.58 元/L 计算。助动车油耗假设为 3.5L/100km。

站立,从便利和舒适性角度来说都有所不足。随着轨道交通的发展,等待、转乘的问题逐渐得到解决,但上海的轨道交通的普及程度离东京等发达城市的发展程度还有很大差距,进一步改进需要假以时日。

在上海,居民出行方式中的出租车可以说是和私人小汽车最接近的。下文将对两者进行比较。

三、出租车与私车成本收益比较——私人小汽车之谜

从单纯的技术功能上来讲,私人小汽车的确具有诸多优点:与步行、自行车或助动车相比,汽车速度快,不必消耗体力,不必受恶劣天气条件影响;与公共交通相比,汽车更灵活,可以自由选择行进路线,又不受时间限制,不必等车、不用停站、不用换乘,能保证有一个座位,从而增进了旅行的舒适性。但事实上,私人小汽车的上述优点,基本上都是城市出租车所具备的。本书将从经济性、便利性和舒适性角度分别对两者进行比较。

首先,同样的调查显示,上海市民出行的强度为 2.38 次/日·人,平均出行的里程为 6.9 公里/次。结合上海出租汽车的计费标准①,使用出租车作为出行工具的成本是 18 555.4 元/年。如果假设每次出行平均等待 5 分钟的话,成本增加到 20 640.2 元/年。

再看私人小汽车的费用。以 10 万元最基本的经济性轿车为标准,其固定成本为车辆的折旧、购车费与牌照费的机会成本(假设没有贷款,否则会更高)、车辆购置税、每年的保险费及保养和年检费等;变动成本是汽车的油耗。假设一辆 10 万元的经济型轿车,使用年限按国家规定的 15 年来进行折旧计算,其成本可以用下表来表示:

---

① 上海市 2009 年 10 月 11 日起执行的最新计费方法:市区顶灯小客车起租价 12 元,起租里程为 3 公里,超起租里程每公里运价 2.4 元调整。载客运距超过 10 公里(不含 10 公里),超过部分按超起租里程单价加价 50%。当日 23 时(含 23 时)至次日 5 时(不含 5 时)时段内,起租费、超起租里程运价上浮 30%。出租车载客状态下累计停 5 分钟,按 1 公里的运价计算费用。

表 3 – 6　保有和使用私人小汽车的成本(元/年)

项　目	成　本
折旧①	6 667
牌照费机会成本②	1 600
车辆购置税与杂费分摊③	703
保险费	4 000
年　检	100
清洁保养	1 000
停车④	8 691
燃油⑤	3 765
总成本	26 526

资料来源:作者根据相关数据计算得出

　　如果考虑货币的时间价值,那么这个成本还会高一些。而这里的计算方式,得出的结果是:从经济角度考虑的话,同样的出行强度和里程,私人小汽车比出租车的成本要高近30%。

　　其次,从便利性或者更具体的可得性角度来说,出租车也并不处于劣势。随着出租行业的发展规范与提高,如今出租车公司的叫车服务已十分发达。除了在机场、火车站及繁华商业区的高峰时间不能提供叫车服务,需要排队等候一段时间外,其他地点基本都能通过各出租汽车公司的叫车系统方便地叫到出租车,在约定的时间和地点等候出行。特别是在周末或非高峰时期,步行到道路边上之后,一般只需要等待很短的时间就能扬招到出租车。

　　就出租车的舒适性来说,与一般经济型轿车的差别并不大。上海出租车的车型统一为 2000 型为主的桑塔纳系列,有的如 3000 型、

---

　　①　使用平均折旧法。

　　②　假设牌照费 4 万,按银行 5 年以上存款利率约 4% 计算机会成本:40 000 × 4% = 1 600。

　　③　100 000 × 10%/(1 + 17%) + 2 000 按 15 年平均分摊。

　　④　假设小区露天停车费 150 元/月,出行停车费平均 8 元/次。

　　⑤　以 93 号汽油价格 6.5 元/L 计算。汽车油耗假设为 10L/100km。

Passat,以及世博的 Buick 与 Touran 等车型都要优于 2000 型,出租车的同期的平均价格在 13 万元左右,甚至高于最普通的经济型轿车,其舒适性必然有一定的保障。

当然,相对私人小汽车来说,出租车在便利和舒适性方面也有不足,如在高峰时期,特别是高峰时期的商业区会遇到打车问题,需要大量的等待时间,而且,出租车提供的私人空间相对较小,卫生状况与私人小汽车也有一定差距。

但是,考虑到私人小汽车不便与不够舒适的方面,如年检与保养需要花费的时间、在商业区寻找车位的时间、驾车的疲劳与压力,甚至车祸的纠纷等。与出租车的不便相比,并没有明显的优劣区别。加之经济性方面的明显的优势,出租车在上海是相对私人小汽车更佳的出行方式。

但是还有越来越多的上海居民,宁愿放弃从经济性、便利性和舒适性综合看来更优的出租车,而选择私人小汽车出行。这种与经济人假设不符的现象,被有的学者称为"私人小汽车之谜(Puzzle of Private Car Ownership)"。

四、解读"私人小汽车之谜"

出现这种现象的原因,从理论上来说有三种解释。Leibenstein 在他著名的《消费需求理论中的从众效应、势利效应与凡勃伦效应》一文中,将消费者的需求从动机的角度首先分为两大类:功能性需求与非功能性需求。功能性消费指对商品内在品质需求导致的消费,非功能性消费指除商品内在品质之外的因素导致的需求,从而进行的消费。那么,私人小汽车的非功能性消费是什么因素引起的呢?

Leibenstein 解释了非功能性消费的三种可能性:外部效用、投机和非理性需求。效用的外部效应是指从商品中得到的效用由于其他人也购买同样的商品而发生变化;投机是指购买某种商品,以期日后升值;非理性需求单纯是为了满足突然产生的购物欲望。私人小汽车的消费,是没有升值可能性的;小汽车的价格也决定了其消费是为了满足突发欲望的情况是极端的。因此只有一个解释:私人小汽车的消费有除了其使用带来的效用之外的其他效用。

Leibenstein 将他说的"效用的外部效应"又分为三类:从众效应(bandwagon effect)、势利效应(snob effect)与凡勃伦效应(Veblen effect)。从众效应指消费者跟随潮流,他人消费越多,自己的购买欲望就越强,从购买中得到的效用就越大;势利效应指消费者追求独占性,他人购买的越多,自己从购买中得到的效用就越小;凡勃伦效应指价格越高,购买效用越大。

结合"私人小汽车之谜",以及私人小汽车消费的量增价跌的情况,可见其消费会带来从众效应。由于别人也购买了私人小汽车,因此其从购买过程中得到的效用为小汽车的实际使用效用与"从众效应"带来的效用之和。当单位成本带来的效用超过使用出租车单位成本带来的效用时,消费者会选择私人小汽车的出行方式。

本章第二部分将对有关"从众效应"的消费理论进行分析。第三部分将针对私人小汽车消费的"从众效应"及其外部成本进行分析。第四部分将通过对上海地区的调研问卷的分析来进一步验证第三部分的观点并提供更具体的结论。

第二节　"从众效应(bandwagon effect)"的经济学分析

一、相关的早期思想

"从众效应"的理论渊源可以追溯到最初的"炫耀性消费(conspicuous consumption)"。在 1899 年出版的著名的《有闲阶级论》中,制度经济学的创始人之一凡勃伦首次把"炫耀性消费"的概念引入经济学。他在书中说"要获得尊荣并保持尊荣,仅仅保有财富或权利还是不够的。有了财富或权利还必须能提出证明,因为尊荣只是通过这样的证明得来的"[①]。凡勃伦将炫耀性消费的动机分为两类:歧视性对比(invidious comparison)和金钱竞赛(pecuniary emulation)。歧

---

① 见凡勃伦《有闲阶级论》,商务印书馆 1981 年版,第 31 页。

视性对比指财富水平较高的阶层通过炫耀性消费来区别于财富水平较低的阶层,金钱竞赛指财富水平较低的阶层力图通过炫耀性消费来仿效财富水平较高的阶层,以期被认为是其中一员。

从效用角度来分析炫耀性消费中的"金钱竞赛"方面,由于财富水平较高阶层对某种商品的消费,令之后的消费者不但得到了商品的实际使用效用,还得到了额外的满足——认为自己也是其中一员。因此,所谓的"金钱竞赛",与50年后Leibenstein所说的"从众效应"有相似之处。

在凡勃伦之前就有学者使用了"炫耀性消费"一词。19世纪30年代,加拿大社会学家和经济学家John Rae就提出了"炫耀性消费"这一概念,他从虚荣心的角度解释炫耀性商品的性质和效用,并同时指出,"炫耀性消费"并不增加总的社会福利,而是一种零和博弈——一部分人的相对地位提高,必然对应着其他人相对地位的下降①。John Rae的论述中,已经有了消费的外部性的思想:对于没有消费该商品的人,相对的地位不可避免的下降,从而导致效用的下降。而这一部分的损失没有得到相应的补偿,成为消费所产生的外部成本。

凡勃伦还认为:物品能给人带来的效用,是两类效用,或可称为首要效用(primary utility)和次要效用(secondary utility)的综合。首要效用产生于所消费商品提供的直接服务对生活质量的提高;次要效用产生于通过消费该商品而得到的社会的认可,因为这样的消费体现出了消费者的相对支付能力。与John Rae不同的是,凡勃伦并不认为炫耀性消费对社会福利是一种零和博弈。他认为,由于次要效用的存在,消费会损耗部分经济效率。可见,凡勃伦对炫耀性消费的研究已经进入了经济领域。

Duesenberry提出消费的"相对收入假说",冲击了凯恩斯的"绝对收入假说"。认为:在一个等级社会里,消费者与优质商品相接触的频率越高,他们把自己的消费与其他人的消费进行的比较越多,即产生"示范效应(demonstration effect)",而这样的商品即具有"次要

---

① 转引自《新帕尔格雷夫经济学大辞典》"炫耀性消费"词条。

效用"。Duesenberry 构建了一个考虑人际影响的效用函数,得出的结论之一是:人们的消费行为是相互影响的,存在攀附倾向(从众效应)。但 Duesenberry 的理论偏于宏观,对消费外部效应的微观消费行为的规范分析不够。

Leibenstein 将涉及消费外部效应的微观消费行为的规范化分析向前推了一大步。他使用传统的分析方法,但放松了经典需求理论的假设,得出了相关的结论。文中,Leibenstein 还将商品需求分为两大类:功能性需求与非功能性需求,这与凡勃伦的首要效用和次要效用是完全对应的。Leibenstein 强调了使用福利经济学原理解释"炫耀性消费"的经济效应,即个人的效用函数中包含其他人的消费量这一变量。如他的分类中的从众效应,指消费者跟随潮流,他人消费越多,自己的购买欲望就越强,从购买中得到的效用就越大。因此,实际均衡的消费量大于不存在消费外部成本的均衡数量。他还提出了边际消费外部效应递减的存在,这种效应在消费数量达到一定程度时产生。

从本书所关注的外部成本角度来看,首先,消费外部性导致非消费的一方的相对效用下降,并可能引起其消费的增加。而对于没有增加消费条件的人来说,其不但相对效用下降,而且由于其消费函数中他人消费数量这一变量发生变动,因此其绝对效用也下降了。

这一观点还可以从心理学领域找到充分的论据。美国著名的心理学家 Abraham Maslow 在其 1943 年发表的著名的《A Theory of Human Motivation》一文中提出了需要层次论,将人的需要分为五个层次:生理需要、安全需要、社交需要、尊重需要和自我实现需要。他认为,人一旦基本需要得到满足后,对个人来说一些其他东西就变得更重要。结合五个需要层次来说,当人的生理和安全的基本需要得到满足后,如果消费某些商品有助于满足更高层次的需要,那么对他们就是有吸引力的。

二、新近理论进展

早在 1948 年,博弈论先驱之一的 Morgenstern 就意识到研究消费者之间的相互影响需要使用博弈论工具。进入到 20 世纪 80 年代后,博弈论、信息经济学的方法渐渐被主流经济学所接受并采用。

Frank 研究了消费者可以合作决策时的情形,在 Leibenstein 的研究基础相上前迈了一大步。因为 Leibenstein 虽然考察了个体消费行为的相互影响,但消费者的购买决策是独立作出的,并未考虑自己消费之后对他人的影响。Frank 将商品分为两类:位置商品(positional goods)和非位置商品(non-positional goods)。前者的价值取决于与他人所拥有的东西的价值相比较的结果,包括哪些可以被别人所观察到的商品。而后者的价值并不取决于此。

Frank 通过消费者的非合作博弈证明:在存在人际比较的情况下,消费会达到“囚徒困境”式的均衡(具体在下一节以私人小汽车为例进行分析),即消费者会消费较多的位置商品,而消费相对较少的非位置商品,因此达不到整体福利的最大化。之后,Frank 又根据上述位置商品和非位置商品的分类,以及消费中人际比较的假设,给出了个人的效用公式:

$$U = U[x, y, R(x)]$$

式中,x——位置商品的消费水平,

y——非位置商品的消费水平,

$R(x)$——x 在人群中的相对“位置”,取值在 0 到 1 之间。

虽然没有对效用进行进一步的计量,但 Frank 通过该式清晰地表示了消费的外部成本:个人消费位置商品对他人效用的负面影响,而且没有对这部分负面影响支付对价。

黄有光研究了一类他称为“钻石商品”的商品,认为消费者购买这类商品只是因为它有价值(价格高)。钻石是最典型的例子,但其代表的“钻石效应”却存在于多种商品之中,只是程度不同而已,可称之为“混合钻石商品”。由此可见,存在“钻石效应”的商品,一般都是价格较高,并非人人都买得起的东西。黄有光的研究进一步发展了商品不同效用层次方面的理论。

Basmann 等将计量方法引入实证研究,他运用 Fechner—Thurstone 直接效用方程,来测量美国二战后的商品消费支出来检验凡勃伦的“炫耀性消费”理论。结果发现:如果以凡勃伦的效用理论和动态消费倾向理论为假设前提的话,追求效用最大化的消费者的行为与实际商品支出的数据非常一致,从而证明了"炫耀性消费"的存在性。

Dupor 和 Liu 将消费的外部效应分为两类,即总的消费水平的提高(个人相对消费水平下降)会提高个人消费相对其闲暇的边际效用,或降低个人的效用水平。前者可称为"攀比"(与从众接近),后者可称为妒忌。其实两者相互联系,可以通过消费的变化相互转化。Dupor 等认为,由于消费一方并没有对妒忌方的效用损失进行补偿,因此妒忌的存在会造成过度消费。

在最近的研究中,Heffetz 对美国家庭的消费支出进行了相关研究。基于"炫耀性消费"的假设,Heffetz 设计了一种基于调研的方法,来计量不同商品的可视性(visibility)。他创造性地设计了"可视性指数",将美国家庭的消费共分为 31 类。根据各类商品消费为社会所能观察到的程度为其配置可视性指数。通过相关模型计算,发现美国收入排名前 50% 的家庭所消费的奢侈品具有非常大的可视性。这说明,对中上阶层来说,"炫耀性消费"的理论是能够得到支持的。

由上述分析可见,包含"从众效应"的"炫耀性消费"是一个古老而又现代的社会、经济问题,对它引起的消费外部性的研究将随着经济的发展也不断发展、深化。但是相关的实证分析,以及针对特定商品的分析仍非常有限,而这些对实际生活是有直接的指导意义的。

结合本书的主题,下一节将针对私人小汽车消费社会成本的理论与实证研究进行分析。

第三节　私人小汽车消费行为的"从众效应"研究

一、私人小汽车消费行为"从众效应"理论综述

黄有光明确指出:私人小汽车消费具有三大外部成本:"炫耀性消费"、拥挤和空气污染。他认为一种商品之所以被称为钻石商品,是因为其具有一种或多种下列作用:价值存储,作为礼品及显示个人

的经济或社会地位。就私人小汽车而言,折旧很快,没有价值存储功能,而且一般都是购作自用。因此,第三种作用较为实用。相应地,当他人购车,而自己没有购车,相对的经济或社会地位将或多或少的受到影响,这便是本章所说的消费外部成本。

专门针对私人小汽车消费外部成本的分析,Duesenberry 在提出相对收入理论时就以私人小汽车为例,认为通过消费私人小汽车可以显示个人的相对收入。

再从 Frank 的位置商品与非位置商品的分类来看,私人小汽车的消费完全能够被他人观察到,是典型的位置商品。因此,私人小汽车的消费情况也可引用 Frank 在人际比较存在前提下,对位置商品的战略式博弈来进行解释。假设两个人甲、乙都面临着是否购车的决策,如果甲购车,乙没有购车,乙的效用会因此下降,反之亦然。那么,甲和乙在决策时,不但会考虑购车本身带来的效用,还会考虑对方的选择对他的影响。这种情况下,即使自己并不需要购车,也会为了避免效用的下降而选择购车。相应的效用可用表 3 - 7 来定性表示。

表 3 - 7　非合作博弈下的购车选择

		乙	
		买	不买
甲	买	−1 −1	1 −2
	不买	−2 1	0 0

从表中可以看出,如果甲和乙没有进行合作,那么,一方为了避免自己的效用下降,会选择购车,最终是两人都买了车,但效用都有所损失。如果甲和乙进行合作,都不买车的话,那么这样的均衡对两者是最优的,两者的效用没有发生变化。但在实际情况下是不存在合作博弈的,因此最终的结果是:私人小汽车的消费增加了。

Verhoef 等在对私人小汽车与社会地位的关系进行的专项研究

中,将需求分为绝对需求(absolute needs)与相对需求(relative needs),认为在城市,特别是城市中心区,私人小汽车相对在郊区,是考虑了社会地位后的相对需求。而在过去几十年的消费中,对私人小汽车的相对需求比绝对需求多。从福利经济学的角度来看,由相对需求引起的消费增加可视为一种市场失灵,会降低社会整体福利。

Deng 对私人小汽车的消费外部成本的研究方法进行了突破性的尝试。首先,其通过对"私人小汽车"之谜的分析认为,在中国,私人小汽车的消费不能完全由其内在的效用水平来解释,而应部分由"炫耀性消费"来解释。而且,"炫耀性消费"的研究在社会工业化进程中,当收入和财富差距越来越大时,显得愈加重要。其次,Deng 通过在中国北京、长沙和广州三个城市向 118 位私车拥有者投放问卷,得出以下结论:首先,同一社会群体的人的购车行为对个人的购车决定有很大影响。关系越密切,影响越大。其次,除了工作需要,社会的认可是购车的重要因素。

由于效用反映的是人们主观的心理感受,研究实际问题时难以量化,而 Deng 的研究方法对私人小汽车消费外部成本的研究有很大的启发意义。但其研究也有明显的不足,如样本数量相对较小,分布又比较分散,这些都是在以后的研究中需要有所改进的。

Grinblatt 等也运用了社会调查的方法研究有关问题。通过对芬兰两个省的所有居民在数年内的购车行为的研究,发现个人购车行为受到邻居的强烈影响,特别是邻居是否刚买了车以及距自家最近的邻居购车情况的影响。这项研究也印证了前述的观点。

二、私人小汽车消费行为"从众效应"实证初探

在下一节重点介绍分析的《城市私人小汽车若干社会效应的调查》问卷中,有两题是从已购车者角度针对"从众效应"的存在性设计的,分别为:

C2. 据您所知,在您购车时,您的交际圈中私车购置比例:

① 尚无人购车　　② 10% 以下　　③ 10%—20%

④ 20%—50%　　⑤ 50%—70%　　⑥ 70% 以上

C3. 以下私车用途对您购车决策的重要程度：

非常重要　　　　　　　　　　　　　　不重要

① 社交圈购车情况的影响　9　8　7　6　5　4　3　2　1

在收回的有效问卷中，共有 70 位受调查者已购私人小汽车，他们对这三个问题的回答有利于了解"从众效应"的存在性，为下文分析奠定实证基础。

对 C2 的选项赋相应的值，与选项编号数值一致，使用 SPSS12. 0 统计软件进行描述统计，结果如表 3 – 8 所示。

表 3 – 8　C2 统计结果一

N	Valid	70
	Missing	0
Mean		4. 51
Median		5. 00
Std. Deviation		1. 060
Minimum		2
Maximum		6

如表 3 – 8 所示，在 70 例有效样本对 C2 的选择中，根据统计赋值计算，其平均值为 4. 51，中值为 5. 00。最大值为 6，最小值为 2，即没有人选择①尚无人购车。

表 3 – 9　C2 统计结果二

		Frequency	Percent	Valid Percent	Cumulative Percent
Valid	2	2	2. 9	2. 9	2. 9
	3	11	15. 7	15. 7	18. 6
	4	19	27. 1	27. 1	45. 7
	5	25	35. 7	35. 7	81. 4
	6	13	18. 6	18. 6	100. 0
	Total	70	100. 0	100. 0	

　　表3－9对样本的具体选择情况作出了详细的说明,图3－4清晰反映了各选项比例的比较。

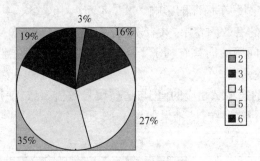

图3－4　C2 各选项分布比较

　　可见,总的来说,多数拥有私车者在购车时,其交际圈中约有50%以上的人已购车;其余拥有私车者在购车时周围也有相当比例的人已购。从这一客观的事实可以推论出"从众效应"的存在。

　　为了加强论证的可信性,问卷的 C3①问题尝试获取购车者的对"从众效应"的主观认可情况。对调研的统计结果如表3－10、3－11所示。

表3－10　C3①统计结果一

N	Valid	70
	Missing	0
Mean		5.29
Median		5.00
Std. Deviation		2.709
Minimum		1
Maximum		9

表3-11 C3① 统计结果二

		Frequency	Percent	Valid Percent	Cumulative Percent
Valid	1	9	12.9	12.9	12.9
	2	5	7.1	7.1	20.0
	3	7	10.0	10.0	30.0
	4	7	10.0	10.0	40.0
	5	8	11.4	11.4	51.4
	6	5	7.1	7.1	58.6
	7	11	15.7	15.7	74.3
	8	7	10.0	10.0	84.3
	9	11	15.7	15.7	100.0
	Total	70	100.0	100.0	

根据以上统计结果表,本题结果的平均值为5.29,根据调查问卷,这一平均值说明:社交圈购车状况对被调查者购车决策的影响程度比较大。

至此,本书已从已购车一方的客观和主观两个方面验证了私车消费"从众效应"的存在。接下来部分将在此基础上进一步对该效应对未购车人群的影响进行实证分析。

第四节 私人小汽车消费行为社会成本实证研究——来自上海市的调研

在中国,从20世纪80年代后期,特别是90年代以来,随着汽车工业的发展,越来越多人进入私人小汽车的消费,除了奢侈品牌的汽车,Leibenstein所说的势利效应(追求消费的独占性)已渐渐失去,"从众效应"开始渐渐显示出来。即人们对私车的消费跟随潮流,他人消费越多,自己的购买欲望就越强。而如前文所述,对私人小汽车的"从众效应"导致了"无车族"效用的下降,社会成本大于私人成本。因此,对该消费外部成本的研究,是本章重要的组成部分。

一、相关理论与实践

传统的经济学中,效用的概念基于一个非常简单的心理学概念——经济学假设人们总是知道什么对于他们最好,并基于此作出决定。此外,经济学还假设人们的满意度(satisfaction)取决于他们的绝对条件。因此,较高的收入和消费水平将带来较高的效用水平。

事实上,大部分的经济学家并不否认效用具有相对性,像 Paul Samuelson 这样的传统经济学的奠基人,也强调效用是变化的:"人是社会性动物,他所视作的生活必须取决于他看到的其他人消费的东西[①]。"因此,基于上文的分析,为使问题分析更客观真实,还要考虑心理学中效用的概念,即人们一般不会做绝对的判断,而且会不断对环境、对过去以及他们对未来的预期进行比较。

在相关研究中,特别是通过调研来获得有关数据与信息的研究中,学者通常用个人的生活满意度(satisfaction)来代替效用尺寸(Frey et al. 2005),而效用又决定了人们的福利(well-being)。因此,如果研究得出人们生活满意度下降的结论,即说明人们的福利下降,产生外部成本。

有关这方面效用的实证分析,目前还没有为学术界普遍接受的方法,相关的文献也是凤毛麟角。主要原因有如下几点。

首先,对于效用的衡量方法,虽然已经有很多相关文献进行了论述,但目前学术界还没有达成一致。一方面,从理论角度来说,有不同的思想,如等价变量、补偿变量及消费者剩余等。另一方面,使用这些方法进行具体操作时,在方法的选择上也有分歧。有的学者主张使用精确的算法,而有的学者认为基于效用的主观性,应该采用近似的算法。

其次,由于"从众效应"所造成的效用损失的衡量与其他效用损失的衡量有所区别。消费者获得或失去的效用可以从其行为中得到反映,而非消费者的效用则相对难以观察。这方面的复杂性导致了

---

① Paul A. Samuelson,Economics,9th edn,NY: McGraw – Hill,1973,p. 218.

学术界对有关实证研究的匮乏。

第三,对相关商品消费导致的"从众效应"以及无法从众而产生的效用的损失,用日常的语言来描述的话就是妒忌、心理不平衡等等,并非社会道德所认同的一面,因此人们倾向于对此回避,这更加增加了研究的难度。

从研究方法的角度来看。从经济现象中获得信息的方法有四类:使用有关文档资料、观察、问卷和采访(Moser and Kalton,1979)。根据本书研究内容的情况来看,相关信息不能从有关文档资料中获得,观察的方法得不到效用损失的主观感受,采访则决定了样本会极为有限,而问卷调查所能到达的样本量相对较大,而且在匿名方式下,通过设计的问题基本上能真实地直接或间接反映样本的情况。因此,本书认为对私人小汽车消费的"从众效应"导致"无车族"效用下降这一外部成本的实证研究,只有问卷调查的方式最具可行性。Deng(2002)对此进行了尝试性的研究,得出的结论是:在中国,私人小汽车消费产生"钻石效应",即有显示身份的作用。本书则将尝试从不同角度对此进行更深入的实证研究。

本章的研究目的在于揭示私人小汽车对无车一族产生的外部成本情况。对于该问题的研究,就笔者目前可搜索到的文献来看,国内外均没有相关的实证研究。根据上述理论分析的逻辑,笔者尝试设计《城市私人小汽车若干社会效应的调查》问卷,并结合相关分析软件,尝试揭示中国城市私人小汽车消费的增加对无车者生活满意度的影响,即产生的外部成本。

二、问卷分析

(一) 问卷设计

笔者于近期就城市私人小汽车购买与使用所产生的若干社会效应在上海地区进行了问卷调查。根据广泛调查对样本数量的要求,此次调查共发放问卷 700 份,收回问卷 612 份,收回率为 87%。其中有效问卷 539 份,占收回问卷的 88%。笔者所在的上海市是中国汽车化城市的典型代表,因此本调查集中于上海的情况。

此次调查通过直接和委托等多种方式进行发放,为了确保调查的有效性,问卷一律采取匿名形式,而且在开端注明是以学校课题研究的名义,只作学术研究使用,而非官方调查,不作为国家制定相关政策的任何依据。在发放过程中,主要采取集体组织的形式,既保证了问卷的回收率,又在很大程度上保证了问题回答的真实性。

问卷涉及私人小汽车消费可能对人的心理层面产生的负面影响,及环境和拥堵方面的负外部性。其中心理层面的负面影响即本章所论述的主体,将在此着重说明。问卷第一部分要求受调查者提供主要个人信息,包括性别、年龄、学历、单位性质、所在地区、婚姻状况、收入情况与购车情况。以便首先将收回问卷根据私人小汽车拥有情况进行分类,再对不同情况的人群的满意度进行分析与比较评价。第三部分针对尚未购车者设计。要求受调查者对周围人的汽车消费对其生活各方面的影响程度进行评价,以考察私人小汽车消费可能产生的"从众效应"对其生活满意度的影响。

由于理论上尚无关于私车对他人生活影响的全面总结,因此,笔者首先采取采访的方式,就此影响与多人进行交流探讨,最终分类总结出多个具体方面。再结合问卷的需要,列出六条,包括:① 同时方便了自己的生活,② 同时丰富了自己的生活,③ 双方产生了业余生活的差距,④ 对自己的现状有所不满,⑤ 自己产生或增加了购车的想法,⑥ 家人产生或提出购车要求。根据调查问卷的要求,受调查者分别对这六方面根据其对本人的影响程度打分。问卷对影响程度赋值1—9,其中数字9代表影响最大,1代表影响最小,即完全没有影响,从9到1的影响程度逐渐降低。

(二) 样本特征

由于本调查针对上海地区,因此,受调查者均为在上海地区工作和生活的上海居民。样本采集主要采取随机抽样的方式。这是因为本调查的目的在于得出总量性的结论,而随机抽样能较好地涵盖各类人群,有助于调查结果的合理性与有效性。

本次调查共收回有效问卷539份,其余73份问卷没有被采用是因为被调查者不在上海生活,因而与本次调查针对对象不一致,或者没有提供完全信息等。其中519名被调查者的单位性质选择(1)企业人员或管理人员,或(2)机关事业单位工作者,另有4名被调查者为个体经营者、9名为自由职业者、5名为学生、2名为家庭主妇。由于从事这四类职业样本的绝对和相对数量都非常小,因此缺乏统计意义。而且此比例也反映出了以上海为代表的城市居民的基本职业比例,即企业、机关或事业单位从业占绝对多数。基于样本的收集与现实情况的考虑,本书将不采用这20份少数单位性质的样本。其余519份中,449份为尚未购车。因此,本章的分析对象为这449个样本。

根据这449份有效问卷,得到的样本的基本特征为:

表3-12 样本特征

变量结构		样本数	比 重
满意度	非常不满	116	25.8%
	比较不满	165	36.7%
	基本无不满	168	37.4%
年 龄	18—30	220	49.0%
	31—40	105	23.4%
	41—50	92	20.5%
	50以上	32	7.1%
单位性质	企业职员或管理人员	277	61.7%
	机关事业单位工作者	172	38.3%
婚姻状况	未 婚	213	47.4%
	已 婚	236	52.6%
收 入	0—8 000	336	74.8%
	8 000以上	113	25.2%
性 别	女	248	55.2%
	男	201	44.8%
教育程度	高中以下	40	8.9%
	中专或大专	116	25.8%
	本 科	276	61.5%

变量结构	样本数	比　重
硕士及以上	17	3.8%
有效样本数	449	100.0%
数据缺失数	0	
总　数	449	

在被调查者中,从单位性质、婚姻状况、收入、性别和教育程度来看,各类样本分布比例较为均匀。从年龄结构来看,18—30 岁的被调查者占总数的近一半,31—40 岁和 41—50 岁的人数基本相当,50 岁以上的人数最少,仅为 32 人,占总数 7.1%。但之所以没有像前文考虑单位性质一样将该年龄段的样本丢弃,是因为考虑到在实际情况中,50 岁以上的人占了人口相当大的比例,其福利总量的变动是不可忽视的,因此这里将其样本予以保留。

（三）基本方法与模型

线性(linear regression model)回归模型在定量分析的实证研究中应用十分广泛。然而在许多情况下,线性回归会受到限制。这里的因变量——满意度是一个分类变量(categorical variable)而不是连续变量(continuous variable),因此在这里不适用线性回归。在分析分类变量时,通常采用的一种统计方法是对数线性模型(log-linear model)。在这里的分析中,由于分类变量——满意度是因变量,并且是一系列自变量的函数,因此可采用对数线性模型的一种特殊形式——Logistic 回归模型。

这里的因变量有三类:非常不满、比较不满与基本无不满。因此不能使用简单的二分类 Logistic 回归,而必须考虑拟合反应变量为多分类的 Logistic 回归。而满意度又是一个有序多分类变量,因此可以通过拟合因变量水平数为 2 个的 Logistic 回归模型。

将因变量取值 1,2,3,相应取值水平的概率为 P_1,P_2,P_3,则基本模型如下式:

$$\mathrm{logit}P_1/(1 - P_1) = \mathrm{logit}P_1/(P_2 + P_3) = -\alpha_1 + \beta_1 x_1 + \cdots + \beta_p x_p \tag{3-1}$$

$$\mathrm{logit}(P_1 + P_2)/[1 - (P_1 + P_2)] = \mathrm{logit}(P_1 + P_2)/P_3 = -\alpha_2 + \beta_1 x_1 + \cdots + \beta_p x_p \tag{3-2}$$

根据式（3 - 1）和式（3 - 2）可以分别求出 P_1 和 P_2，即

$$P_1 = \exp(-\alpha_1 + \beta_1 x_1 + \cdots + \beta_p x_p)/[1 + \exp(-\alpha_1 + \beta_1 x_1 + \cdots + \beta_p x_p)] \tag{3-3}$$

$$P_2 = \exp(-\alpha_2 + \beta_1 x_1 + \cdots + \beta_p x_p)/[1 + \exp(-\alpha_2 + \beta_1 x_1 + \cdots + \beta_p x_p)] - P_1 \tag{3-4}$$

与传统的因变量为二分类的 Logistic 回归相比，进行 logit 变换的分别是 P_1 和 $P_1 + P_2$，即因变量有序取值水平的累积概率。通过对 P_1 和 $P_1 + P_2$ 的 logit 变换，$\mathrm{logit}P$ 的取值范围被扩展为以 0 为对称点的整个实数区间，这使得在任何自变量取值下，对 P 值的预测均有实际意义。

从模型可以看出，这种模型实际上是依次将因变量按不同的取值水平分割成两个等级，对这两个等级建立因变量为二分类的 Logistic 回归模型。模型中各自变量的系数 β_1 都保持不变，所改变的只是常数项 α。模型中常数项之前的符号是"－"，因为在此处的常数项正好表示低级别和高级别相比的情况，必然有 $\alpha_1 < \alpha_2$。但由于主要研究的是各 β 的大小，因此这种差异影响不大。

由于因变量为分类变量，Logistic 回归模型的误差项不服从正态分布，因此，该模型不应当使用最小二乘法进行参数估计，而是使用最大似然法来解决方程的估计和检验问题。

（四）变量设定及基本假设

根据国内外同类研究的经验及我国的国情，本次研究将性别、年龄、学历、职业性质、婚姻状况和收入作为可能影响生活满意度的自变量。

虽然对他人购买私人小汽车后对生活满意度影响尚未有实证研究，但是对生活满意度的研究在上世纪中后期就已展开，并取得了一系列的成果。生活满意度作为主观幸福感（SWB）的认知指标，在理

论界得到了普遍的运用。本研究借鉴国内外相关的研究成果,并结合我国的国情,在本次调查中预先建立自变量与因变量之间关系的假设,将通过本次研究进行检验。

1. 性别

大量的实证研究表明,在总的 SWB 上,男女差异不显著。但在 SWB 的不同维度上,两性的差异还是存在的。如有人发现女性报告的积极情感水平较男性高。一些学者认为,如果女性在遇到不好或难以控制的事件时,可能导致她们难以抵制消极影响;但是如果她们生活美好,则她们比男性更能感到强烈的幸福。所以女性在积极情感和消极情感的体验上都较男性强烈,但在总体的 SWB 水平上又与男性相当。职业女性与男性相比,有较高的"工作幸福感"和较低的"生活幸福感"。

基于此,假设相对于女性而言,男性在本文所研究的条件下(将他人买车视为消极影响)的满意度更高。

2. 年龄

早期的研究曾假定,随着年龄的增长,人们的幸福感会呈下降趋势。然而实证研究并没有得到一致的结论。有国外的实证研究对18—90年龄段的个体研究发现,SWB 呈逐渐下降的趋势。而 Blanchflower 和 Oswald 对美国和英国居民的研究表明年龄与主观幸福感之间存在 U 型关系,U 型的最低点在 40 岁左右。在对我国不同年龄段的人群 SWB 测查中,发现青年人群在评估 SWB 的多个维度上,均不同程度的高于老年组。大学生的 SWB 体验处于中等偏上水平,他们有比较积极的情感体验和高的生活满意度。

基于此,假设相对于年长者而言,年轻人在本文所研究的条件下的满意度更高。

3. 学历

Clark 和 Oswald 的实证研究认为:在收入等其他条件不变的情况下,满意度和教育水平成强烈的反比。而在中国的一系列实证研究则得出了相反的结论:在各类满意度的调查中,学历越高的人生活的满意度越差,满意度呈现一种由低学历向高学历递减的趋势①。这种现象说明一个人的学历越高,对生活的要求可能就越高。而这种对生活的高要求可能在本文所研究的条件下,导致了他们生活满意度的下降。

基于本研究的中国特性,假设相对于高学历者而言,低学历者的满意度更高。

4. 单位性质

这一变量具有鲜明的中国特色,是其他国家所不能进行类比研究的。在名义收入相等的情况下,不同性质的单位员工在福利、生活保障及工作的稳定性等方面迥然不同的待遇和境况会导致完全不同的满意度。综合来看,排在幸福感前面的均是收入和职业声望较高的职业。与企业之间存在的巨大差距不同,机关事业单位工作者普遍被认为社会地位较高。

基于此,假设相对于企业职员或管理人员而言,机关事业单位工作者在本文所研究的条件下的满意度更高。

5. 婚姻状况

从研究来看,大多数是针对婚姻生活和个人的幸福感之间的关系,结论也与一般的认识相一致:婚姻生活越美满,幸福感越强烈。Etauch 和 Malstrom 的实证研究证明,无论从性格还是从工作表现和态度等方面来看,已婚者一般比其他婚姻状态的人得到更好的评价;而丧偶者比未婚或离婚者得到更高的评价。

性格和态度可以理解为生活满意度的体现。在本调查回收的样本中,只有"已婚"和"未婚"两类回答,没有人选择"其他状态"。这一方面是因为样本数量的限制,另一方面可能是因为受调查者心理上对其他状态的掩饰。基于此考虑,本研究认为"已婚"包含了"丧偶",而"未婚"包含了"离婚",并假设相对于未婚者而言,已婚者在本文所研究的条件下的满意度更高。

6. 收入

---

① http://www. rmlt. com. cn/NewsShow. asp? NewsID = 1145.

众多研究表明,收入的高低与满意度的高低呈同方向变化的比异向变化的多,即总体中更多的人是家庭收入越高,生活满意度越高,但这种相关性随着收入的增加是趋向微弱的。另外,家庭收入最高的和收入最低的人群组的生活满意度状况显示了完全相反的趋势,并且差异巨大。而高收入和高声望职业的幸福感高于低收入和低声望职业,这也意味着收入与幸福感有较大的关系。

但是,在本文的假设下,受调查者的相对收入均显得较低。Clark和 Oswald(1996)对相对收入和满意度的实证研究认为:满意度和相对收入是成反比的。

基于此,假设相对于高收入者而言,低收入者在本文所研究的条件下的满意度更高。

综上,在本次调查中预先建立如下 6 个自变量与因变量之间关系的假设,以期通过本次研究予以检验:

H1: 假设相对于男性而言,女性的满意度受到负面影响更大。

H2: 假设相对于年轻人而言,年长者的满意度受到负面影响更大。

H3: 假设相对于低学历者而言,高学历者的满意度受到负面影响更大。

H4: 假设相对于机关事业单位工作者而言,企业职员或管理人员的满意度受到负面影响更大。

H5: 假设相对于已婚者而言,未婚者的满意度受到负面影响更大。

H6: 假设相对于低收入者而言,高收入者的满意度受到负面影响更大。

在本次研究的 6 个自变量中,性别、婚姻状况为分类自变量;年龄、单位性质和收入在调研问卷中以分段的形式出现,也作为分类自变量;学历则以与其选项特征相适应的数量——受教育年限替代。这种处理方式既保证了模型的科学性,又增加了操作性和结果的可读性。因此,模型中的自变量包括了二分类、多分类和连续变量,因变量则为多分类变量。

在问卷中,被调查者对自己在周围人买车后的满意度("对自己现状有所不满")从 1 到 9 进行打分,1 表示不满程度较小,即没有不满,9 表示不满程度最大。因此,数值越大不满度越高。对于因变量的赋值,根据本研究的性质和问卷的具体设计,对选择 9、8、7 的,视为在假设条件下的对生活最为不满,赋值为"1";对选择 6、5、4 的,视为在假设条件下的对生活较为不满,赋值为"2";对选择 3、2、1 的,视为在假设条件下的对生活满意度基本无变化,即基本无不满,赋值为"3"。

综上,本研究各变量的含义及赋值如表 3 - 13 所示。

表 3 - 13　私人小汽车炫耀性消费外部成本研究变量及赋值表

变量名	含　义	赋　值			
SATIS	不满程度	1	2	3	
		非常不满	比较不满	基本无不满	
GEN	性　别	F		M	
		女		男	
AGE	年　龄	1	2	3	4
		18—30	31—40	41—50	50 以上
EDU	学　历	8	12	16	20
		高中以下	中专或大专	本科	硕士及以上
UNIT	单位性质	1		2	
		企　业		机关事业单位	
MAR	婚姻状况	N		Y	
		未　婚		已　婚	
INC	收　入	1		2	
		0—8 000		8 000 以上	

（五）样本的描述统计

描述统计有利于具体、形象地表达各自变量对因变量影响的大小和方向。以下为样本的描述统计,并将与之后的回归统计结果进行比较分析。从总量上来说,对于他人对小汽车的消费,纳入样本的 449 位被调查者的不满程度如表 3 - 14 所示。

表 3 – 14　样本满意度统计

	数　量	最小值	最大值	平均值	标准差
不满程度	449	1	9	4. 45	2. 402
有效数量	449				

　　根据表 3 – 14 的结果,从总量上来看,他人的私车消费对个人的生活满意度会产生影响。不满程度的平均值远离完全没有不满的赋值 1,达到 4. 450 3。将因变量如前文所述归为三类后进行统计,得到结果如表 3 – 15 所示。

表 3 – 15　归类后样本满意度统计

	数　量	最小值	最大值	平均值	标准差
不满程度	449	1	3	2. 12	0. 788
有效数量	449				

　　根据表 3 – 15 的结果,对样本的总量得到同样的结论。且其平均值如表 2 – 8 的结果一样,也接近中值,总量的具体分布如图 3 – 5 所示。

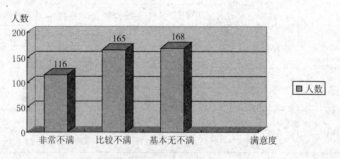

图 3 – 5　满意度分布

　　有效样本中,25. 8%的人认为周围的人买车而自己没买会令自己对现状非常不满,即满意度受到很大影响,36. 7%的人的满意度受到一定的影响,而另外 37. 4%的人认为自己的满意度基本不受影响。因此,从总体上来说,接近 2/3 的人的满意度或多或少受到影响。如果将满意度赋值,那么其平均值与中值均对应"比较不满"。接下来讨论各自变量与因变量的关系。

1. 性别

性别在国内外有关满意度或幸福感的研究中一直是一个重要变量,亦是分析不可缺少的一部分。在本次调查中,对于假设条件,男性和女性的选择如表3-16所示,对于本文的假设,248位女性中有62位选择自己会明显的不满,占女性总人数的25%,而201位男性中有54位作出同样的选择,占男性总数26.9%,比例略高于女性。另有34.3%的女性和39.8%的男性认为自己虽不至于非常不满,但也会比较不满。

表3-16　不同性别的满意度分布

			性　别		总　数
			女　性	男　性	
满意度	非常不满	数　量	62	54	116
		占本性别比例	25.0%	26.9%	
		占总数比例	13.8%	12.0%	25.8%
	比较不满	数　量	85	80	165
		占本性别比例	34.3%	39.8%	
		占总数比例	18.9%	17.8%	36.7%
	基本无不满	数　量	101	67	168
		占本性别比例	40.7%	33.3%	
		占总数比例	22.5%	14.9%	37.4%
总　计		数　量	248	201	449
		占本性别比例	100.0%	100.0%	
		占总数比例	55.2%	44.8%	100.0%

两者的比较可从图3-6中得以清晰的体现:

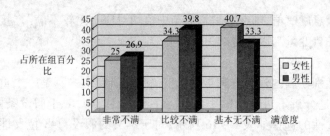

图3－6　不同性别的满意度分布比较

由图3－6可见,周围的人购买私人小汽车对男性满意度的负面影响要稍大于女性。社会对男性和女性的不同期望值可对此作出解释。相对而言,社会、家庭及本人都对男性有较高的期望,因此在相对生活状况发生改变时,男性所受到的影响会更大一些。调查同时又显示:虽然男性满意度的变动大于女性,但大的程度较为有限。这可能是因为本调查在上海进行,而以上海为代表的城市女性已日益独立,因此性别上的区别已渐渐缩小。

2. 年龄

由于相对生活状况不同,假设条件对各年龄阶段的人产生的影响也必然有所区别。具体调查结果如表3－17所示。

表3－17　不同年龄的满意度分布

			年　　龄				总数
			18—30	31—40	41—50	50 以上	
满意度	非常不满	数　量	55	34	21	6	116
		占本年龄组比例	23.5%	32.4%	22.8%	33.3%	
		占总数比例	12.2%	7.6%	4.7%	1.3%	25.8%
	比较不满	数　量	90	28	39	8	165
		占本年龄组比例	38.5%	26.7%	42.4%	44.4%	
		占总数比例	20.0%	6.2%	8.7%	1.8%	36.7%
	基本无不满	数　量	89	43	32	4	168
		占本年龄组比例	38.0%	41.0%	34.8%	22.2%	
		占总数比例	19.8%	9.6%	7.1%	0.9%	37.4%

（续表）

		年　　龄				总数
		18—30	31—40	41—50	50 以上	
总　计	数　量	234	105	92	18	449
	占本年龄组比例	100.0%	100.0%	100.0%	100.0%	
	占总数比例	52.1%	23.4%	20.5%	4.0%	100.0%

如表 3－17 所示,本文的假设对较大比例的 31—40 岁组与 50 岁以上组被调查者产生相对较大的影响,两组中分别有 32.4% 和 33.3% 的被调查者认为他们会非常不满,占各自年龄组人数的约 1/3,而 18—30 岁与 41—50 岁年龄组做此选择的人均不到 1/4。具体比较可见图 3－7。

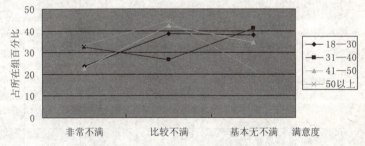

图 3－7　不同年龄的满意度分布比较

由图 3－7 可见,31—40 岁组与 50 岁以上组有更多比例的人受到较大影响,且 50 岁以上组有最少的人认为自己基本没有受到影响。出现这种情况可能是因为 50 岁以上的人一般情况下已过了事业的顶峰,这种状态中的心理比较容易受到影响。但本次调研样本的年龄分布并不是十分理想,最多的人数集中在 18—30 岁年龄段,特别是 50 岁以上的样本只有 18 例,因此结果虽然能够在一定程度上反映实际情况,但并不具备完全的代表性,尤其是对 50 岁以上年龄段的人。

31—40 岁组有更多比例的人受到较大影响的原因可能是该年龄段的人基本上已有家庭,事业处于上升期,比较在意自身状况和别人的比较,一旦发现相对状况境遇有所下降时,受到的影响较大。但图中显示该组的满意度分布形态与其他三组有所不同,呈中间低两头高,其他三组均为中间高,即有最多的受调查者选择了自己会比较不满。这种差异可能由样本总量的限制引起,这会对统计结果有一定的影响。

3. 学历

在相关研究中,教育程度也是一个重要的变量。教育程度的不同很大程度上决定了个人物质状况与精神状态的不同,因此在研究中应给予充分考虑。本次调查相关结果如表3-18所示。

表3-18 不同学历的满意度分布

			学 历				总数
			高中以下	中专或大专	本科	硕士及以上	
满意度	非常不满	数量	4	23	84	5	116
		占本组比例	10.5%	21.9%	29.3%	26.3%	
		占总数比例	0.9%	5.1%	18.7%	1.1%	25.8%
	比较不满	数量	18	41	98	8	165
		占本组比例	47.4%	39.0%	34.1%	42.1%	
		占总数比例	4.0%	9.1%	21.8%	1.8%	36.7%
	基本无不满	数量	16	41	105	6	168
		占本组比例	42.1%	39.0%	36.6%	31.6%	
		占总数比例	3.6%	9.1%	23.4%	1.3%	37.4%
总　计		数量	38	105	287	19	449
		占本组比例	100.0%	100.0%	100.0%	100.0%	
		占总数比例	8.5%	23.4%	63.9%	4.2%	100.0%

如表3-18所示,本文的假设对相对较大比例本科、硕士及以上组的被调查者产生较大的影响。两组中各有超过1/4的人认为他们会非常不满。中专或大专以上组也有21.9%的人作此选择。该选择最少的是高中以下组,只有10.5%。具体比较见图3-8。

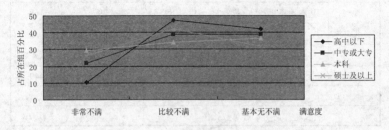

图3-8　不同学历的满意度分布比较

由图3-8可见,学历和满意度之间的关系规律比较明显。总的来说,呈现学历越高,满意度越低的关系,与前文的假设一致。可见,满意度确实具有国家特色。在以上海为代表的中国的城市,一个人的学历越高,其前期投入成本越高,对后期的回报要求自然也高。因此,假设条件发生时,其满意度受到的影响越大。

4. 单位性质

作为一个具有鲜明中国特色的变量,单位性质在研究满意度时是不应该忽略的。本次调研结果所取两类单位性质的满意度情况如表3-19所示。

表3-19　不同单位性质的满意度分布

			单位性质		总　数
			企　业	机关事业单位	
满意度	非常不满	数　量	82	34	116
		占本组比例	29.6%	19.8%	
		占总数比例	18.3%	7.6%	25.8%
	比较不满	数　量	106	59	165
		占本组比例	38.3%	34.3%	

（续表）

			单位性质		总　数
			企　业	机关事业单位	
		占总数比例	23.6%	13.1%	36.7%
基本无不满	数　量		89	79	168
		占本组比例	32.1%	45.9%	
		占总数比例	19.8%	17.6%	37.4%
总　计	数　量		277	172	449
		占本组比例	100.0%	100.0%	
		占总数比例	61.7%	38.3%	100.0%

　　如表 3 – 19 所示,被调查者中,相对多数的企业职员或管理人员对假设会表示出明显不满或比较不满,可见,他们的满意度受影响较大,而机关事业单位工作者的满意度受负面影响相对较小。两者比较如图 3 – 9 所示。

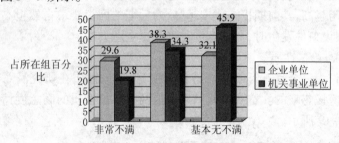

图 3 – 9　不同单位性质的满意度分布比较

　　相对满意度性别分布的差异,单位性质分布的差异要更加明显些。可见单位性质差异确实是一个具有一定相关性的变量。一般来说,机关事业单位的工作比较稳定,福利较好,社会地位较高,因此员工的心理状态相对较好。相反的,企业的工作有较高的不稳定性,工资即为主要收入,且各企业、同一企业的各职位之间的待遇相差较大,因此其心态相对较差,对外来的负面影响反应较显著。

　　5. 婚姻状况

　　这是一个研究者十分感兴趣的变量,对其研究的中外文献十分
丰富。但有很大一部分主要研究婚姻与满意度的直接关系,而本文
将婚姻状况作为变量之一,研究一定条件下满意度的变化。调研得
出的有关具体情况如表3－20。

表3－20　不同婚姻状况的满意度分布

| | | | 性　别 | | 总　数 |
			未　婚	已　婚	
满意度	非常不满	数　量	54	62	116
		占本组比例	22.8%	29.2%	
		占总数比例	12.0%	13.8%	25.8%
	比较不满	数　量	89	76	165
		占本组比例	37.6%	35.8%	
		占总数比例	19.8%	16.9%	36.7%
	基本无不满	数　量	94	74	168
		占本组比例	39.7%	34.9%	
		占总数比例	20.9%	16.5%	37.4%
总　计		数　量	237	212	449
		占本组比例	100.0%	100.0%	
		占总数比例	52.8%	47.2%	100.0%

　　从表3－20中可见,在假设条件下,22.8%的未婚者感到其满意
度受到明显的负面影响,占总未婚受调查者的1/4不到,29.2%的已
婚者有同样感受,占总的已婚受调查者1/3不到,两者相差6.4%。

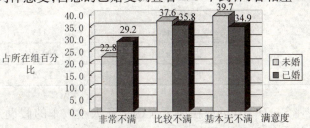

图3－10　不同婚姻状况的满意度分布比较

如图 3-10 所示,两者虽然不是相差很大。这一结果反映了部分已婚者对相对收入和相对社会地位的敏感性。这可能是由于已婚者对婚姻、家庭承担相对较大的责任所致。但是有更多的未婚者选择了"比较不满",这与假设中未婚者相对较弱的幸福感有关。

6. 收入

收入的划分有各种方法,相关文献所采用的标准也不尽相同。在本次的调研问卷中,结合我国个人所得税税率级次的划分,并根据实际需求略作改动,将收入分为六级。在统计过程中,考虑到样本数量的限制并结合研究的内容,将六级收入归为两类:8 000 元以下为中低收入,8 000 元以上为高收入。将收入设置为二分类变量,一方面符合调研的目的,另一方面与相对有限的样本数量所对应,保证分析的客观正确性。分类后的统计情况如表 3-21 所示。

表 3-21   满意度的收入状况分布

			收入		总　数
			0—8 000	8 000 以上	
满意度	非常不满	数　量	64	52	116
		占本组比例	19.0%	46.0%	
		占总数比例	14.3%	11.6%	25.8%
	比较不满	数　量	130	35	165
		占本组比例	38.7%	31.0%	
		占总数比例	29.0%	7.8%	36.7%
	基本无不满	数　量	142	26	168
		占本组比例	42.3%	23.0%	
		占总数比例	31.6%	5.8%	37.4%
总　计		数　量	336	113	449
		占本组比例	100.0%	100.0%	
		占总数比例	74.8%	25.2%	100.0%

从表 3-21 中可见,在周围人购买私人小汽车的假设条件下,46.0% 的高收入者的满意度受到明显的负面影响,而仅有 19.0%

的中低收入者有此感受。相反,42.3%的中低收入者认为自己在这种情况下的满意度基本没有变化,仅有 23.0%的高收入者不受影响。

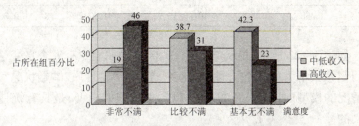

图 3 - 11 不同收入水平的满意度分布比较

图 3 - 11 的比较结果非常明显:高收入者对本假设条件非常敏感,会因此遭受更大的满意度的降低。这一结果反映了高收入者较大的"从众效应"。他们比中低收入者有更高的可支配收入,因此可能更关注与周围人的相对收入和相对生活水平。

(六) Logistic 回归结果及说明

上文所述(3 - 1)、(3 - 2)式的有序多分类 Logistic 回归模型的应用有一个前提:两个回归方程在多维空间中相互平行(模型中各自变量的系数 β 都保持不变),首先要看模型的平行线检验,分析结果如表 3 - 22 所示。

表 3 - 22 模型平行线检验结果

Model	- 2 Log Likelihood	Chi - Square	df	Sig.
Null Hypothesis	401. 985			
General	388. 072	13. 913	8	0. 084

该检验结果 $P > 0.05$,说明各回归方程相互平行,可以使用有序多分类 Logistic 回归过程进行分析,使用 SPSS12. 0 统计软件,试进行统计分析。

首先对模型中是否所有自变量的偏回归系数全为 0 进行似然比检验,结果如表 3 - 23。

表 3 – 23　模型似然比检验

Model	– 2 Log Likelihood	Chi – Square	df	Sig.
Intercept Only	443.356			
Final	401.985	41.371	8	0.000

如表 3 – 23 所示,检验结果 $P < 0.001$,说明至少有一个自变量的偏回归系数不为 0,即包含性别、年龄、学历、单位性质、婚姻状况和收入情况的模型的拟合优度好于仅包含常数项的模型,是具有统计学意义的。

其次对模型进行 Pearson 和 Deviance 检验,两种拟合优度检验结果均较好,如表 3 – 24。

表 3 – 24　拟合优度检验

	Chi – Square	df	Sig.
Pearson	235.159	158	0.000
Deviance	252.209	158	0.000

表 3 – 25 即为 Logistic 回归的主要结果——回归系数估计。

表 3 – 25　回归系数估计

		Estimate	Std. Error	Wald	df	Sig.
Threshold	[sat = 1]	– 1.861	0.717	6.746	1	0.009
	[sat = 2]	– 0.170	0.711	0.057	1	0.811
Location	edu	– 0.092	0.043	4.581	1	0.032
	[age = 1]	0.064	0.454	0.020	1	0.887
	[age = 2]	0.424	0.434	0.956	1	0.328
	[age = 3]	– 0.176	0.404	0.189	1	0.664
	[age = 4]	0(a)	0.0	0.0	0	0.0
	[uni = 1]	– 0.430	0.203	4.497	1	0.034
	[uni = 2]	0(a)	0.0	0.0	0	0.0
	[mar = n]	– 0.050	0.265	0.036	1	0.850

（续表）

		Estimate	Std. Error	Wald	df	Sig.
	[mar = y]	0(a)	0.0	0.0	0	0.0
	[inc = 1]	0.955	0.228	17.523	1	0.000
	[inc = 2]	0(a)	0.0	0.0	0	0.0
	[gen = f]	0.116	0.185	0.395	1	0.530
	[gen = m]	0(a)	0.0	0.0	0	0.0

Link function：Logit.

a This parameter is set to zero because it is redundant.

由于因变量的水平数为 3，因此模型中建立了两个回归方程，且得出两个常数项。而因变量为有序多分类的 Logistic 回归的前提假设之一就是各自变量对于因变量的影响在两个回归方程中相同，因此各自变量的偏回归系数只有一个。在软件操作过程中，主对话框中选入要素（factor）框中的自变量将以哑变量的形式引入模型。

根据以上结果，可以建立如下模型：

$$\text{Logit}P_1 = \text{logit}P_1/(1 - P_1)$$
$$= -1.861 + (-0.092) \cdot edu + 0.064 \cdot (age = 1) + 0.424 \cdot (age = 2) + (-0.176) \cdot (age = 3) + (-0.430) \cdot (uni = 1) + (-0.050) \cdot (mar = n) + (0.955) \cdot (inc = 1) + 0.116 \cdot (gen = f) \tag{3-5}$$

$$\text{Logit } P_{1/2} = \text{logit } (P_1 + P_2)/P_3$$
$$= -0.170 + (-0.092) \cdot edu + 0.064 \cdot (age = 1) + 0.424 \cdot (age = 2) + (-0.176) \cdot (age = 3) + (-0.430) \cdot (uni = 1) + (-0.050) \cdot (mar = n) + (0.955) \cdot (inc = 1) + 0.116 \cdot (gen = f) \tag{3-6}$$

此外，表 3 - 25 中，Std. Error 为模型标准误差，Wald 是对总体回归系数是否为 0 进行统计学检验，df 为其自由度，Sig. 为相应 P 值。学历、单位性质和收入这三项的 Sig. ≤0.05，说明这三项具有统计学意义，即在 5% 的显著性水平下是不显著的。结合此外几项，按 Sig. 值衡量，在各变量中，满意度因本文假设条件而受到影响的程度由大到小依次为:收入、学历、单位性质、性别、年龄和婚姻状态。

就各自变量具体而言,相对于低收入者而言,高收入者的满意度受到负面影响更大;相对于低学历者而言,高学历者的满意度受到负面影响更大;相对于机关事业单位工作者而言,企业职员或管理人员的满意度受到负面影响更大;相对于女性而言,男性的满意度受到负面影响更大;从年龄组来看,总体上,41—50 岁年龄组的人满意度受到负面影响最大,接下来依次是 50 岁以上、18—30 岁,虽然 31—40 岁有较大比例的受调查者选择了明显不满,但另两个选项的差异导致其总体影响在所有年龄组中最小。当然,前文提到,样本的本身缺陷会对回归结果产生一定的影响。最后,相对于已婚者而言,未婚者的满意度受到负面影响更大。

三、结论

通过对 449 份相关调查问卷数据的计量分析和描述统计,可见从总体上而言,私人小汽车的购买对其周围人的生活满意度会产生负面影响,从而降低其福利,产生外部成本。这种影响的方向均为负,但影响的大小随个人不同的情况而异,也体现出一定的中国特色和时代特征,具体分类情况如下:

① 在本文假设条件下,在计量分析中,学历、单位性质和收入这三项具有统计意义,对因变量——满意度产生确切可计量的影响。另外三项:性别、年龄和婚姻状态不具有统计学意义,但可在一定程度上体现出每项各分组之间的比较意义。

② 就具有统计意义的三个因变量而言,计量分析和描述统计的结果与假设一致,说明其数据统计与计量分析都有一致的显著的特征。因而 H3、H4、H6 假设成立。

③ 就性别而言,计量分析和描述统计的结果一致:相对于女性而言,男性的满意度受到负面影响更大。这与假设 H1 不一致,其原因在描述统计部分进行了阐述,是由社会、家庭及本人对男性相对较高的期望所致。

④ 就年龄而言,由于样本分布以及描述所能达到程度的限制,计量分析和描述统计的结果有所不一致。但总的来说,相对于年轻

人而言,年长者的满意度受到负面影响更大。这与假设 H2 一致。

⑤ 就婚姻而言,描述统计结果强调了满意度明显受到影响的比例:已婚者满意度较高。而计量分析结果虽然无统计学意义,但就样本实际情况而言,该结果反映出在整体上,未婚者的满意度受到负面影响更大。这与假设 H5 一致。

以上假设检验的结果如下表所示:

表 3 – 26 假设检验汇总

	H1	H2	H3	H4	H5	H6
接 受		√	√	√	√	√
拒 绝	√					

第五节 本 章 小 结

通过对上海居民各类出行方式和出行成本的比较研究,本文发现其出行方式的选择与成本并不一致:从经济性、便利性和舒适性综合看来,私人小汽车并不是首选,但是越来越多的上海居民选择以私人小汽车的方式出行,"私人小汽车之谜"在上海存在。

进而,本文从理论和实证角度探究其原因。从理论方面来说,本文认为私人小汽车消费并不是单纯的功能性消费,相关理论中的"从众效应"可以对该现象进行解释。无论是否有消费能力,无论是否受到他人影响进入私人小汽车的消费行列,"从众效应"都会导致未消费一方相对效用和绝对效用的同时下降。本文还通过调研发现:多数"有车族"在购买私人小汽车时,都在相当的程度上受到了周围人购车情况的影响,进一步验证了私人小汽车消费"从众效应"的存在。

实证方面,本文通过在上海地区以《城市私人小汽车若干社会效应》为主题进行的问卷调查,尝试揭示中国城市私人小汽车消费在由于"从众效应"对无车者生活满意度的影响,即其外部成本。这次调研从总体上以及从受影响的不同人群的分类将私车消费对他人满意度的影响状况客观真实地进行了反映,作出了定性和定量的推断。

　　本章对以上海为代表中国城市出现的"私人小汽车之谜"用经济学理论的从众效应进行理论分析,并使用问卷调查的方式获取信息,利用多种统计软件进行统计描述与计量分析,是本章的创新之处。本章的不足之处主要在于调查研究方式和个人能力的限制,样本的数量还没有完全达到统计回归对大样本的要求,这直接导致调研问卷的计量分析结果的部分变量在统计学上没有意义,部分初步的统计结果与最终的计量结果并不完全一致,最终的模型不能直接用于定量研究。

第四章　私人小汽车消费与城市道路提供的社会成本研究

作为汽车运行的载体,道路与私人汽车消费的关系密不可分。一方面,汽车的发展离不开道路的建设和发展,会受到道路情况的制约;另一方面,汽车保有量的快速增加又不断对道路提出新的要求,对道路提供产生巨大的压力。

根据上文所述,现阶段,我国私人小汽车的增加速度是社会机动车中最快的。在车辆运行特征稳定的情况下,道路的增加在很大程度上是为了缓解由近年来私人小汽车迅猛增长所导致的交通拥堵,研究相关道路的社会成本问题亦是研究私人小汽车消费的社会成本的重要组成部分。

第一节　城市道路提供的理论分析

一、城市道路提供方式分析

(一) 公共产品与私人产品提供方式分析

对公共产品与私人产品的论述,可在古典经济学中找到源头。对自由经济推崇备至的经济学之父亚当·斯密在他1776年的经济学开山之作《国富论》中,在市场这只看不见的手之外,认可了政府在某些领域的干预与产品提供,如司法系统、国防系统、教育系统等。之后,不少学者从公共产品的特征的不同方面和角度对公共产品进行了讨论。到了 20 世纪 50 年代中期,保罗·萨缪尔森对此进行了比较系统的论述,他提出了划分私人消费品和公共消费品的界限,并进一步给出了公共产品的最优消费状态,即著名的"萨缪尔森条件"。在他的基础上,马斯格雷夫、布坎南等经济学家对公共产品问题作了进一步研究,并提出了公共产品与私人产品之间还存在着大量的中间状态,即"非纯公共产品"或"混合产品",进一步丰富了相关理论。而公共产品与私人产品的准确划分,即产品的竞争性与排斥性的界定,为公共产品有效提供的制度安排奠定了基础。

作为自由经济的倡导者,斯密并没有说公共产品必须由君主来提供,而认为是否如此需要取决于私人能否充分地提供这些产品。对于具有非竞争性与非排斥性的纯公共产品而言,一方面,边际成本所要求的零价格不能提供收入来补偿任何固定成本,另一方面,消费者对该商品表达真实偏好激励的缺乏造就了免费搭车者。上述情况将导致没有任何私人愿意提供纯公共产品,或公共产品的数量严重不足。最终,该类产品的供应会处于帕累托无效率状态,事实上也无法存在公共产品市场。虽然存在一些私人供应公共产品的例子,如对饥荒的救济、私人赞助的公共设施等,但远远达不到帕累托效率的供应水平。在这种情况下,由政府集中计划生产并根据社会福利原则来分配就成为纯公共产品提供的重要途径。而对于私人产品与介于私人产品和公共产品之间的混合产品而言,则相应地采取私人提供及私人提供与公共提供相结合的方式。

(二) 城市道路提供方式分析

探讨某一种产品的提供方式,根据上述的分析,首先应该判断该种产品在公共产品与私人产品这两极中的定位,重要的依据就是其是否具有竞争性与排斥性。道路的使用者分别是车与人。就道路的竞争性来说,在一般不产生拥堵的情况下,是非竞争性的。因为部分车与人的使用并不影响他人的使用。在不考虑道路损耗的前提下,新增使用者的边际成本为零。就其排斥性来看,道路因其不同类别而异。高速公路等道路通过设收费关卡的方式可以避免免费搭车者的产生,具有排斥性。因此,具有非竞争性与排斥性的高速公路是一类混合产品,可以通过私人提供的方式达到帕累托效率。

收费公路作为连接城市与城市、市区与市郊的道路是可行的,但如果在进入市区之后的道路上仍设置收费站点的话,则会产生许多问题。首先,市区交通较为密集,道路网络比较庞大,除非重重设卡,否则会造成交通流量向非收费道路的转移,严重降低道路的利用效率;其次,即便设置了完备的收费站,市区巨大的交通量将导致严重的交通拥堵现象;第三,城市道路的使用者中,相比收费公路的使用者多了非机动车与行人,对这两者收费,不但收费标准的复杂程度将大大增加,也将严重影响居民的出行效率。

因此,在一般情况下,城市道路不应具备排斥性,加之它的非竞争性,城市的道路可以视为纯公共产品,那么根据上文的分析,纯公共产品应该由政府提供,城市道路也应该由政府出资建设、维护。

二、城市道路提供数量分析

(一) 一种公共产品的最优供给

根据著名的"萨缪尔森条件",可以知道公共物品供给的效率条件:所有消费者公共物品对私人物品的边际替代率之和等于公共物品与私人物品的边际转换率,即边际成本之比。对于公共产品中的特定种类,基于一系列限制性的假设,可以通过局部均衡分析建立起能使一种公共产品的供给达到最优的数量,如图 4-1 所示。

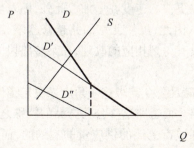

图 4-1　公共产品的供给与需求

图 4-1 表示了公共产品的供需关系。D' 和 D'' 分别表示个人对公共产品的需求。当然,这里假设每个人都如实说出他所愿支付的

成本,因此不存在任何免费搭车者或投机取巧者。与私人产品的总需求不同的是,由于公共产品的非竞争性,其总需求曲线为个人需求曲线的纵向叠加,供给曲线与需求曲线相交所对应的数量即公共产品最优的供应量,对应的价格为政府为提供该产品所征收的税。

但在现实的生活中,经济人出于搭便车的动机,为了减少对公共产品的支出,会隐瞒对该产品的真实需求,在这种情况下就需要政府采取强制的合作手段,来获得帕累托改善的效果。图中也可以看出,政府固然可以根据相关情况与条件来改变供应量,但并不是没有任何限制的,供应过多会造成资源浪费,过少又会导致效率损失。因此,一种公共产品的供应量需要政府综合多方因素来决定。

(二) 城市道路提供瓶颈

作为公共产品的提供者,政府一方面面临着上述信息不对称的问题,另一方面,个人对公共产品的需求、总需求也是不断发展变化的。为了满足公共的需求变化,政府需要不断地调整供应数量。在汽车产业与消费快速发展的今天,城市的道路供给问题面临着巨大的挑战。

以北京为例,"拥堵"已成为首都交通状况的典型缩影。尽管北京市政府近年来在城市道路建设上不惜投入巨资,北京的环线从原本离市中心就较远的四环进一步延伸到五环、六环……进入了"摊大饼"状态。与此同时,随着城市区域的扩张与道路提供数量的增加,北京市的机动车以更快的速度在增加。此外,随着城区的扩张,车行里程也必然增加。因此,虽然北京的路越修越多、越修越宽,然而交通运行状况不但没有得到相应的改观,在某些路段的高峰时期,车行速度反而逐年下降。

对此,如果从满足公众需求这一角度来决定道路的提供的话,那就应该建更多的路。而道路这一公共产品的特殊之处在于它的提供是有限的。是受到城市土地的供应量的制约的,而且会带来相关的一系列社会效应,其建设需要通盘考虑。这一"瓶颈"问题不禁令人深思:是否公众的需求一定要满足,或者说是否所有的需求都是合理的呢? 政府又该如何看待这一对供需矛盾呢?

(三) "唐斯定律"——城市道路提供的"萨伊定律"

　　1803 年,法国经济学家萨伊在他的《政治经济学概论》中指出:
"最有助于促进一种产品的需求的,莫过于另一种产品的供给。"认为
在资本主义的制度下,"生产给产品创造需求"。萨伊的观点得到了
很多古典经济学家的支持,这种以供给为经济核心的思想在 20 世纪
30 年代大萧条之前一直主导者西方经济学。经济学家都认为需求
是由供给创造的,只要供给增长,需求就会自行扩张,与供给相适应,
即"萨伊定律"。随着生产与消费之间的矛盾越来越突出,萨伊定律
的地位遭到了许多经济学家的批判,凯恩斯更是由对萨伊定律的否
定展开了对整个古典经济理论的批判。之后,随着理性预期学派与
供给学派的兴起,萨伊定律再次得到了理论界的肯定。

　　而道路的提供,则是为汽车的消费创造了需求,汽车的消费又反
过来促进了道路的需求。针对这一现象,美国著名的交通管理工程
师安东尼·唐斯早在 1962 年就提出了著名的"唐斯定律":新建道路
最初固然降低了出行时耗,但同时也诱发和转移了交通需求。即修
路越多会导致更多的交通量,称之为诱增交通(induced travel)。因
此,增加道路实际上只会使交通情况恶化。

　　诱增交通这一现象的本质可以用经济学最基本的供给需求原理
来解释。道路供应的增加带来交通容量的增加,减少了车辆通行的
时间,从而降低了车辆通行的成本,特别是在比较拥挤的道路上通行
的成本。而车行成本降低,人们对车行的需求量自然就上升了。当
然,交通的增加还有其他因素,如人口增长、收入增加等,图 4－2 表
示了这些需求增长的因素对需求量的影响:

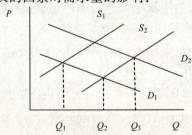

图 4－2　交通增量的构成

　　图中可见,道路供给的增加导致的交通诱增效应为 Q_1,Q_2,其他因素导致的交通增加量为 Q_2,Q_3。在这两重效应的影响下,交通量由原先的 Q_1 增加到了 Q_3。

　　对诱增交通的研究可以追溯到 70 年前。1938 年,Bressey 和 Lutyens 对伦敦新开通的 Great West 路有过如下报道:"该道路一经开通,就承载了附近那条老路 4.5 倍的车流,而老路的交通量并没有减少。不仅如此,两条道路的车流持续上升……可见,新建道路会制造新的交通。"Glanvill 和 Smeed 在 1958 年的研究进一步表明,已比较拥堵的道路上的交通增加速度远远小于拥堵较少道路的交通增加速度。Mogridge 等对伦敦交通数据的分析验证并进一步拓展了前人在这一领域的研究。

　　从微观角度来说,诱增交通的产生主要包括以下几个方面的原因:首先,由于道路条件的改善,人们更乐于出行了,因而产生了新的出行;第二,新建道路令某些地点能较之前更便捷地到达,因此人们可能会由原先的目的地改往那些地点,产生出行线路的改变;第三,人们出行方式发生改变,如原来坐地铁的改为开车,原来拼车的改为独自开车等;第四,如果经由新建道路到同一地点要行驶更长的距离,但所花的时间比原来短,人们通常会选择新的道路,这便产生了出行的重新分布。在这些因素的共同作用下,产生了诱增交通。

　　经济学家们对诱增交通量也进行了一系列的实证研究。由于采取的分离上述交通诱增效应的方法不同,及进行实证的地区和道路不同,得出的结果不尽相同。但有一点是一致的:车行总里程增加相对新增道路的弹性系数很大,而且长期的弹性系数远大于短期的弹性系数。

　　事实上,经济学界历来都存在着强调供给管理与强调需求管理的争论。而在交通的供给与需求管理方面,面对着无限可能的需求与受土地和各种因素制约的供给,选择哪一种途径是不言而喻的。但是,除了新加坡等少数国家和地区采取了需求管理的方法,很多包括美国、法国等发达国家在内的国家和地区都选择了供给管理,试图通过增加道路供给来缓和交通拥挤。Rhoads 和 Shogren 的研究尝试解释了这一现象。他们认为:人们的汽车消费及政府对道路的提供可增加财政收入与当地的经济总量,因此由人们财富增加所导致的拥堵增加了当地政府的社会折现率。对政府来说,虽然新增道路会在长期带来更大交通量,产生更多拥堵,但由于社会折现率的提高,这些成本的现值就减少了。因此,较需求管理而言,相对短视的政府更倾向于供给管理。

（四）"唐斯定律"的实证研究——以上海市为例

为了验证"唐斯定律",或者说上文所述的诱增交通在我国城市的情况,在本文的研究中,采用实地调研和问卷调查的形式通过两个不同的角度对此进行实证研究,以期在一定程度上了解上海市诱增交通的情况。

实证研究一:上海市中环线邯郸路隧道车流量变化

上海"三环十连"快速路网骨架工程中的重要一环——中环线工程的浦西段主线道路于 2006 年 6 月底全面竣工通车。根据市规划局的预测,整条中环线将凸显分流内环线交通、引流部分外环线交通,减轻中心城区路网交通压力的重要交通功能。根据前文的分析,从短期来看,中环线的车流以分流内环线交通、引流部分外环线交通为主。但从中长期来看,必然产生诱增交通。

为了了解相关的效应,必须了解中环线的车流量的变化。中环线邯郸路地道工程是中环线北段(汶水路—邯郸路—翔殷路)路段中重要节点之一,为双向共八车道,通往上海市四个副中心之一的五角场。笔者在中环线建成的较早期就开始观察其车流量的变化,并曾选取中环线邯郸路隧道西出口长期进行双向车流量监测,监测时间段为 2007 年 1 月至 2008 年 2 月,具体时间为每月第一个工作日的 8:30 至 8:40,是上午的出行高峰时段。实地考察结果如下:

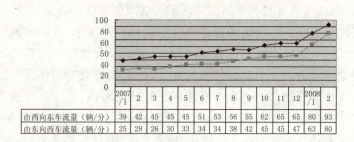

	2007/1	2	3	4	5	6	7	8	9	10	11	12	2008/1	2
由西向东车流量（辆/分）	39	42	45	45	45	51	53	56	55	62	65	65	80	93
由东向西车流量（辆/分）	25	28	26	30	33	34	34	38	42	45	45	47	63	80

图 4 – 3　中环线邯郸路隧道口双向车流量趋势图

如图所示,从 2007 年 1 月,中环线通车初期以来,中环线邯郸路隧道口的双向车流量均呈现总体上升的趋势。特别是从 2007 年底以来,上升幅度明显加快。这很好地验证了道路供给对交通量的诱增效应,凸显出了交通供给管理的问题。

笔者曾根据理论分析与实际检测结果推断:虽然目前中环的交通状况仍然比较良好,但是如果车流量照这个增长趋势发展下去的话,不需要很长的时间,在高峰时段也将达到一定的饱和。[①] 至今,同一地点同一时段经常是红色拥挤甚至是堵塞状况。

当然,车流量的增加并不完全是交通分流、引流或诱增交通所致。应该认识到:上海市政府对五角场地区的定位和支持将加快该地区建设成为集商业、经济、市政、文教、交通等功能明确、繁荣的新上海大都市副中心之一。随着该地区的日趋发展、成熟,周边交通量也会增加。

实证研究二:上海市民购买私人小汽车后增加的交通量调研

诱增交通是指新增道路导致交通的增加。事实上,不仅交通设施,交通工具的变化和增加也会导致诱增交通。这方面的研究在西方汽车化程度较高的国家的地区并不值得关注,在中国这样处于私人小汽车保有量快速增长的国家及其城市是十分值得关注的,而本

---

① 见朱云欢《"唐斯定律"对城市道路管理方式的启示》,《上海管理科学》2009 年第 2 期。

调研正是基于这样的考虑进行的。笔者就城市私人小汽车购买与使用所产生的若干社会效应在上海地区进行的问卷调查中,共发放问卷700份,收回问卷612份,收回率为87%。其中有效问卷539份,占收回问卷的88%。相关问题是:

B2. (假设)您购车后,出行里程相比购车前依赖其他交通工具出行会增加

① 0—25% 　　　② 25%—50% 　　　③ 50%—100%
④ 100%—300% 　⑤ 300%以上

该问题是针对所有受调查人所设计的。对于已经购买私人小汽车的人,要求其按照实际情况回答;而对于尚未购买私人小汽车的人,要求其对自己的行为进行预测。在回收的有效问卷中,70份为已购置私人小汽车,其余449份为尚未购置。

已经购买私人小汽车的受调查者的对1—5选项的统计结果如表4-1所示。

表4-1　购买私人小汽车诱增交通情况一（附饼状图）

选项		人数	比例(%)	有效比例(%)	累计比例(%)
有效选项	1	10	14.3	14.3	14.3
	2	25	35.7	35.7	50.0
	3	18	25.7	25.7	75.7
	4	15	21.4	21.4	97.1
	5	2	2.9	2.9	100.0
	总计	70	100.0	100.0	

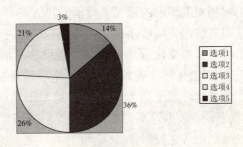

如上述图表所示,已购买私人小汽车的人,其购车后出行里程相对购车前普遍大幅度增加。有50%的人的出行里程比购车前增加了50%以上,其中有近一半的人比购车前增加了100%以上。

尚未购买私人小汽车的受调查者的对1—5选项的统计结果如表4-2所示。

表4-2 购买私人小汽车诱增交通情况二(附饼状图)

选项		人数	比例(%)	有效比例(%)	累计比例(%)
有效选项	1	137	27.5	27.5	27.5
	2	182	36.5	36.5	63.9
	3	115	23.0	23.0	87.0
	4	44	8.8	8.8	95.8
	5	21	4.2	4.2	100.0
	总计	499	100.0	100.0	

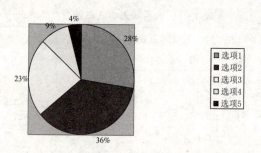

如上述图表所示,尚未购买私人小汽车的人对自己的购车后出行里程相对购车前的情况进行预测的结果为:在购买小汽车之后,出行里程将普遍大幅度增加。这一变化是由于出行工具的选择增加,及出行工具的变化带来可利用交通设施的增加带来的。但是,与已购车者相比,未购车者预测的出行里程增加量在一定程度上小于已购车者。这可能是因为其选择只是基于当前尚未购车情况下的预测,没有能够将购车后习惯的改变等影响因素全面考虑进去,因此得出的结论相对比较保守。

上述两个实证研究,一方面从交通设施的增加验证了诱增交通在上海的存在;另一方面,提出交通工具的变化角度,也会引起交通量的增加,在实证上从一个新的角度进一步验证了私人小汽车的诱增交通效应。从而以私人小汽车增量为主的机动车增量主要带来由于交通工具的增加而导致的机动车出行里程增加,为了解决道路负荷度问题,交通建设部门建造了用来分流、引流的公共城市道路,但改善的路况又会由于降低了机动车的出行成本而带来更多的出行里程,一次次实践"唐斯定律"。因此,在上海,以供给管理来对待私人小汽车的增加必然导致城市道路的过度提供,消耗大量公共资源。

第二节　城市道路提供社会成本的理论分析

一、合理的交通需求量

由上一节的分析可知,城市交通与道路提供状况是高度相关的。在供给管理下,从短期来看,道路提供决定交通需求;而随着时间的推移,交通需求对道路提供的决定作用慢慢得以体现,从而导致道路不断扩张,进而改变土地的使用方式,相关公共产品提供数量也不断上升。因此,供给与需求互为自变量与因变量。

相比可以方便计量的交通供给,交通需求的计量复杂很多。在理论分析中,一般将交通需求分为两类,第一类体现在人们的出门行路上,这是对交通"显性的需求"。此外,有些人因缺乏合适的交通工具、没有时间或囊中羞涩而取消计划中的出门行路,这些便是交通的第二类需求——"潜在的需求"。真实的交通需求是两者之和,前者可以通过调查了解,后者则不行[1]。然而,即使是真实的交通需求也并不意味着道路供给都必须将其满足,因为正如上文所述,"诱增交通"的存在导致了交通需求的不稳定和"非理性增长"。

虽然人们对交通无止境的需求会导致城市道路的过度提供,但

---

① [法]皮埃尔·梅兰《城市交通》,商务印书馆1996年版,第28页。

并不能以此为由而一律不提供。居民有交通的权利,作为城市的公共管理机构,并不能因此无视所有的需求,而应当提供一定数量的道路,以保证城市的交通能力。问题的关键是界定合理的需求量。一般来说,国际上对城市道路交通的基本要求是:向居民提供能够到达市内任何地方的可达能力(accessibility)。最低可达能力是建立在公共交通在城市各个地区四通八达、其票价能被城市各阶层人民接受这一基础上的。它除了要求公共交通能够通达所有地区外,还要求具有便于步行和骑自行车的道路条件。皮埃尔・梅兰认为:在欠发达国家,虽然发展汽车工业能创造就业机会(但也存在别的方面的同样的费用),但汽车终究不是解决交通问题的办法,它只对少数人有利,而在空间上产生的问题很严重。许多城市的机动化率虽然很低,但其道路的拥挤程度比起欧洲和北美的大城市有过之而无不及。这便是公共交通不发达,而依赖私人机动车的后果。可见,在城市,特别是人口众多的发展中国家的城市,能够提供合理的交通,从而保证居民交通权利的只有公共交通,私人小汽车不但远远满足不了这方面的需求,反而大量占用相关的资源,在一定程度上造成了公共交通发展的瓶颈。

国家发展和改革委员会 2004 年发布的《节能中长期专项规划》提出,在特大城市要大力发展城市公共交通系统,抑制私人机动交通工具对城市交通资源的过度使用①。可见,在城市建设中,私人小汽车等私人交通工具对公共资源的不合理占用已引起了相关部门的重视,并将在一定程度上指导相关政策。

随着收入的增加,私人小汽车数量不断上升,加之政府倾向的以汽车为导向的土地使用方式,导致大量的土地用于交通设施建设(包括道路与泊车)。当然,交通设施建设会令部分房产、地产受益,但这些好处只被少数人获得,而因交通设施建设造成的负面影响则是社会性、普遍性的。

本节接下来部分分析小汽车数量增长引致的城市道路过度增加

---

① 见新华网,http://news. xinhuanet. com/newscenter/2004 – 11/26/content_2264718. htm。

所产生的社会成本。由于城市土地具有突出的稀缺性,而且城市人口密度较大,因此道路交通的外部性对社会福利的影响较为显著。基于这两方面的情况,分析这个问题是十分有意义的。经过对大量相关国内外文献的研究和综合,本文将道路提供外部成本分为三类:占用公共资源、分隔效应(barrier effect)和视觉侵扰(visual intrusion,或视觉污染 visual pollution)。

二、道路修建对公共资源的占用

根据城市经济理论,过度增加城市公共投资,其他部门的生产力投资可能被侵占,影响城市收益最大化。因此,为满足小汽车交通的需求而过度增加城市道路提供会影响城市收益最大化。其涉及的公共资源主要有三类:土地、环境和相关公共设施与公共服务。

(一) 道路修建的土地成本分析

1. 相关地租地价理论

修建道路必然要使用土地,而且几乎是永久性的使用。土地是道路最大的成本,对修建道路所占土地成本的认识与评估是分析其占用公共资源的最重要组成部分。而对土地成本的分析,首先要基于对土地、特别是城市土地价值和价格的认识。

商品都具有两重属性,即价值与使用价值。但土地作为一种特殊商品,却只有使用价值而没有价值。因为按照马克思的劳动价值论,只有劳动才能创造价值。而原始的、未经过开垦的土地作为一种自然存在,不是人类创造的,因此没有价值。而地租地价理论是分析和研究我国城市土地价格的基础。马克思主义认为:地租是直接生产者在生产中所创造的剩余生产物被土地所有者占有的部分,是社会生产关系的反映。任何社会,只要存在着土地所有者和不占有土地的直接生产者,后者在土地利用中有剩余生产物被前者所占有,就有产生地租的经济基础。因此,城市土地虽然没有价值,或价值很小,但却有相当的价格,并通过资本化的地租得以表现。而且,随着经济的发展,土地,特别是城市的土地,不仅不会有折旧现象,而且会不断增值,这也是土地这一商品的特殊性的所在。

2. 特殊的供求关系

除此之外,土地,尤其是城市土地作为一种特殊商品,在其他许多方面也都存在特殊性,例如,它在一定条件下会表现出特殊的供求关系,如图4-4所示。

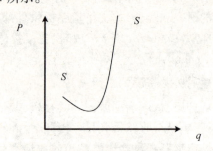

图4-4 特殊的土地供给曲线

土地供给的特殊曲线表明土地在一定范围内遵循一般商品的供给规律,但土地的自然供给总量是有限的,超过这个限度,不管价格如何上涨,也不能再增加土地的供给,此时土地价格便开始单边上升。

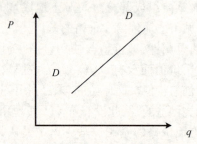

图4-5 特殊的土地需求曲线

土地需求的特殊曲线是反映土地购买者是把土地当作投机对象,购买土地的目的是为了以后再卖出去,并能赚更多的钱。因此,价格低廉的土地,在短时期内很难再卖出好价钱,所以没有人买或者买者很少;相反,价格高涨的土地,如市中心地段,容易卖得好价钱,尽管价格上涨幅度大于其他地区,只要经济持续稳定发展,也能获得很大利润,所以买者仍然很多。

　　萨缪尔森竞争状态下的地租决定从特殊的供给角度揭示了土地这一特殊的商品的长期的特殊供求关系。他认为：地租是为使用土地所付的代价。土地的供给数量是固定的,因而地租量完全取决于土地需求者之间的竞争,如图 4 – 6 所示。

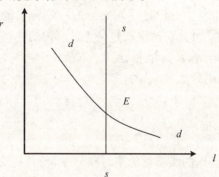

图 4 – 6　竞争状态下的地租决定

　　图中,*ss* 代表数量固定的土地供给；*dd* 代表对土地的需求；*dd* 与 *ss* 相交于 *E* 点,即一定需求下的地租。随着中国城市化的推进和经济的发展,城市用地的需求会不断增加,但这类土地供给非常有限,最终必将导致城市地价[①]在高位下的供求平衡[②]。

　　3. 土地价格形式和土地价格评估方法

　　由于土地的特殊性,其价格形式和评估方法与普通商品截然不同。通常认为：城市土地价格主要有五种形式[③]。第一种是城市土地

---

　　①　城市地价,从广义上讲,包括城市土地所有者产权地价（城市土地买卖价格）,城市土地使用者产权地价（城市土地批租价格）和城市土地年租价（城市土地零租价格）。在实践中,城市土地零租价大都是以一年为一个租期,个别也有超过一年的,或不足一年的。但是,其租价大都是一年、半年、三月、一月结算一次。

　　②　在马克思主义的地租地价学说中,城市土地批租价格和城市土地零租价格都不属于地价,而是地租。我国现阶段土地使用者产权的流动,在马克思主义的地租地价学说中归属于地租范畴也不是地价范畴。但在实践中,人们已经习惯于把这种土地批租价格作为一种地价来认识和操作。本文也采用这样的方法。

　　③　见王霞、尤建新《城市土地经济学》,复旦大学出版社 2004 年版,第 192 页。

的理论价格。即完全等同于土地价值的价格,这里的土地价格是由生产和再生产土地使用价值时所花费的劳动时间来决定的。

第二种是城市土地的经济价值。早在 17 世纪中后期,威廉·配第就研究过地租地价关系[1],他认为土地价格就是一定年限的地租。这相当于将地租收入看作是存入银行的一笔资本的利息收入,而这笔资本就是土地的价格,这也就是马克思所说的地租的资本化[2]。

若令 P 为地价,R 为地租,r 为土地的资本化率,也即利率。那么,土地的价格用公式表示为:

$$P = R/(1+r) + R/(1+r)^2 + R/(1+r)^3 + \cdots + R/(1+r)^n$$

$$(4-1)$$

或 $P = (R/r) \times [1 - 1/(1+r)^n]$ $\qquad (4-2)$

当 P 表示土地的所有权价格时,$n \to +\infty$,而因为 $0 \leqslant r \leqslant 1$,土地的价格为 $P = R/r$。可见,地价与地租成正比,与利率成反比。因而,在古典经济理论中,地租均被认为是利用土地所产生的收益流量,而地价则是一定时期内地租的贴现值之和。基于此,美国土地经济学家雷利·巴洛维认为:从理论上来说,土地和不动产资源有一个等于其未来期望地租现值的现行市场价值。现行价值的确定要求对未来地租流的期望值作出估计,并且要把那些在未来某个时期才能实现的地租报酬换算成现值。前者因人们缺乏完善的知识和预见性而变得复杂;而后者则要求对未来期望值进行折现以确定其现值[3]。

第三种是城市土地的计算价格。即为了开发利用土地而物化在其中的土地价格。由于土地的自然属性与经济特性,其使用价值具有不可替代性,没有任何其他商品可以替代土地的效用,因而土地价格反映了人类在其中全部劳动的费用:

$$P = P_0 + P_1 + P_2 + \cdots + P_n = \sum_{i=0}^{n} P_i \qquad (4-3)$$

---

[1] 见晏智杰《亚当·斯密以前的经济学家》,北京大学出版社 1996 年版,第 105 页。

[2] 马克思《资本论》(第三卷)(中译本),人民出版社 1998 年版,第 703 页。

[3] [美]雷利·巴洛维《土地资源经济学——不动产经济学》,北京农业大学出版社 1989 年版,第 110 页。

P 为城市土地价格，P_0 为土地的原始开发费用，P_1 为该土地作为农业用途的投入，P_2 为该土地从农业用途第一次转变为非农业用途的投入，P_n 为第 n 次开发费用。

第四种是城市土地的预测价格。当城市土地资源达到合理配置时，城市土地按一定的比例在各部门、各企业之间进行分配。由于生产技术条件不同，土地利用的边际产出也不同。在土地资源的约束条件内，只有把土地从边际产出较低的用地单位划给边际产出较高的用地单位，一直到各单位的土地边际产出相等时，社会总体经济效益达到最大，这一土地的预测价格才能得到确定，即等于土地最优配置下的边际产出。最后一种是城市土地的市场价格。作为一种商品，土地价格不能不受供求状况的影响，因此城市土地的市场价格即为土地在地产市场上的均衡价格，它取决于市场上对土地的需求量，以及土地的供给量。

由于土地价格形成受多种因素的影响，土地本身又具有特殊的性质。因此，具体评估地价的方法种类很多，不同方法依据的经济原理、采用的土地价格的形式也不尽相同。其中比较基本的方法有市场比较法[1]、收益还原法[2]、成本逼近法[3]、假设开发法[4]和基准地价系数修正法[5]等。

---

[1]　市场比较法是将待估土地资产与在近期已经发生了交易的同类型土地资产加以比较对照，从已经发生了交易的类似土地资产的已知价格，修正得出待估价土地资产价格的一种估价方法。

[2]　收益还原法是在估算土地未来若干年预期纯收益的基础上，以一定的还原利率，将评估对象未来收益还原为评估时日收益总和的一种估价方法。

[3]　成本逼近法是以开发类似土地资产所耗费的各项费用之和为基础，再加上正常的利润和应交纳的税金、费用来确定待估土地资产价格的一种估价方法。

[4]　假设开发法是在估算开发完成后土地正常交易价格的基础上，扣除建筑物建造费用和建造物建造、买卖相关的专业费、利率、利润、税收等费用后，以剩余指数来确定估价对象土地估价的一种方法，又称剩余法。

[5]　基准地价系数修正法是利用城镇基准地价和基准地价修正系数表等估价成果，按照替代原则，就待估宗地的区域条件和个别条件与其所处区域的平均条件相比较，并对照修正系数表，选取相应的修正系数对基准地价进行修正，从而求取待估宗地在估价期日价格的方法。

4. 私人小汽车对道路资源的占用情况

为了满足居民基本的出行需求,一定数量的道路是需要提供的。但是,出行方式不同,对道路的需求状况大相径庭。不同的交通工具,占用车道宽度不同,每辆车能搭载的乘客人数也不同,因此单位乘客在行驶中占用的道路面积也不同。根据我国的有关设计规范规定,可得到城市中常用的几种主要车辆占用道路面积的情况,如表4-3所示。

表4-3　城市主要交通工具占用道路空间计算表

交通工具	常见速度(km/h)	车头间距(m)	车道宽度(m)	占用道路面积(m²)
自行车	15	8	1.0	8
摩托车	30	20	2.0	40
小汽车	40	40	3.0	120
公共汽车	30	35	3.5	123

资料来源:胡永举《城市交通方式的出行成本量化方法研究》,城市公共交通 2005.8。

从表4-3中可见,小汽车的占用道路面积远远超过自行车、摩托车等交通工具。相对公共汽车,它体积虽小,但一般来说行驶速度较快,对空间要求高。因此,两车占用的道路面积基本相同。但是,每辆小汽车的平均载客人数约为1.33人,而公共汽车则约为20人,自行车和摩托车约为1人。由此可得表4-4。

表4-4　城市主要交通工具人均占用道路空间表

	自行车	摩托车	小汽车	公共汽车
人均占用道路空间(m²)	8	40	90	6.15

资料来源:根据表4-3和有关信息计算而得。

小汽车较其他交通工具更多占用道路资源的情况也可以从道路最大旅客运输能力方面得以反映:

表 4 - 5　各种线路(车道)的最大旅客运输能力

(单位:人/小时·车道)

模　式	步　行	自行车	城市道路	高速公路	公交专用道	轨道交通
容　量	4 000	3 000	1 000	2 250	6 000	12 000

资料来源:转引《区域经济发展与快速短途客运铁路》,瑞士联邦工业大学国土、区域及城市规划研究所,昆明城市规划设计研究院,2000。

表 4 - 5 中旅客运输能力最弱的是"城市道路"上行驶公交车之外的机动车。根据前文对汽车保有量构成的介绍,其中以小汽车为主。因此,表 4 - 5 和表 4 - 6 虽然由于各自的研究方法和数据等不同而有所差异,但都反映了一个共同的事实:在旅客运输数量一定的情况下,小汽车占用的道路资源远远超出其他交通方式。在典型的步行城市中,道路面积比例一般小于 10%,而基于汽车化的城市则需要 30%的道路用地[①]。

私人小汽车不仅在行驶时占用相当部分的道路资源,而且在不行驶时占用巨大的停车资源。一般来说,私人小汽车的运行时间仅占 5%,即平均每天 1.2 小时,其余 95%的时间均为停车时间,因此对停车需求较大。一般来说,一辆小汽车分别需要一个居住区的停车位和一个工作场所的停车位,还需要在城市商业区和其他出行目的地布置社会停车场。通常,基于汽车化的城市需要约 20%的路外停车用地[②]。

可见,小汽车的人均占用道路面积和停车面积十分突出,从而其占用的土地资源较多,因此实际土地使用的成本也高。相对道路的使用来说,小汽车对停车土地资源的使用是支付了相应的对价的,在考虑外部成本时将其排除在外。而对公共产品——道路的占用,小汽车没有相应的承担该成本,导致土地资源配置的不合理。尽管这一方面经常被忽略,但无论从效率还是公平的角度来看,小汽车对道

---

① 同上。
② 见曹国华、陆建《汽车化导向交通对土地利用影响成本研究》,江苏省城乡规划设计研究院、东南大学 2003 年论文。

路的使用都是需要引起重视的,尤其是在土地稀缺性较高的城市地区。

（二）道路修建的环境资源成本

资源配置不合理的第二方面,表现为道路修建的自然生态环境成本。土地成本通过土地的市场价格计算而得,而土地除了这部分显性的价值之外,还有其隐性的、一般不反映于市场价格的价值,即其环境价值,也是另外一部分成本。道路的修建将所过之处的土地完全毁坏,从而对原有的环境造成毁灭性的打击,原本的生态系统,如湿地、植被、各种动物栖息地、水循环系统被全部破坏,人们从中所享受到的愉悦的心情、健康的生活环境及生物的多样性从此失去。这些影响已经超出了交通设施建设所涉及的土地范围,扩展到了更广泛的时间与空间。

自然生态环境包括湿地、森林、农田和公园等,保持一定的城市自然生态环境,能够改善空气和水体质量、增加生物多样性等等,从而带来一定的外部效益,即正外部性,如增加房地产价格、增加旅游收益等。下表对不同类别用地对环境的影响进行定性的总结比较,从而反映土地由于交通设施建设所造成的变化的成本:

表4－6　不同类别用地的外部环境效益

用地类别	空气质量	水体质量	生态多样	洪水控制	美感	文化	经济性
湿　地	高	高	高	高	高	高	高
动物保护区	高	高	高	不等	高	高	不等
城市绿地	高	高	中等	中等	高	高	不等
再生林	高	高	中等	高	不等	中等	中等
农　田	中等	中等	低	中等	不等	中等	不等
城市综合用地	低	低	低	低	不等	不等	高
道路缓冲区	低	低	低	低	低	低	

资料来源:Bein, Peter 'Monetization of Environmental Impacts of Roads' Ministry of Transportation and Highways, March 1997。

道路的建造增加了相关土地的使用,减少了绿色植物的覆盖率,提高地区温度(热岛效应),导致城市洁净空气和水的减少和舒适度下降。此外,从长期来看,道路的增加令城市逐渐向郊区蔓延,每增加一个单元的城市综合建设用地,将影响1—5倍范围的农业用地产出率。

如果说,将原本可以用于开发房产的土地修路会带来经济成本的话,那么将原来的自然绿地铲除修路,会产生生态环境成本。这方面的成本的衡量相对比较困难,因为不同地区的生态环境情况不一,实际工作中亦尚未有完整统一的准确计量。但无论如何,这方面的成本由于其日益扩大的影响,是不可忽视的。事实上,上文介绍的土地价格评估方法已经在一定程度上包括这一部分成本。然而,在本文的理论分析中,为了对相关资源配置作更细致的分析、对土地成本作更明确的划分,将相关成本分为上述经济(货币)成本和环境成本,以期对土地使用涉及的成本做更全面的诠释。在下一节的实证分析中,将环境资源成本这一部分视为包含于土地成本而略去。

(三) 相关公共设施和服务资源成本

资源配置不合理的第三方面,体现在相关公共设施和服务的成本上。在城市中,道路,这一政府提供的公共产品并不是为每一个人所公平使用的。占用道路占绝对多数的机动车所交纳的养路费从字面上就反映出其维护道路的作用而非建造费用。

道路建设和道路系统运营的费用主要有:道路建设费、道路养护和更换路面费、道路的改善工程费,土地征用、安置搬迁费等等。关于项目实施的费用还包括:项目监督费、职工工资、现场办公费、施工住宿费、前期工作费(调查、设计费)等等。本章中的公共设施主要指城市道路及其配套设施。和公共服务一样,其成本根据交通流量而定。Small 等(1989)给出的成本方程包含了这两类成本:

$$C(q, Q) = qht(q, Q) + \rho K(Q) \qquad (4-4)$$

式4-4中,h 表示时间价值,这里假设对于每个道路使用者,时间价值相同;q 表示单位时间的交通流量,这里假设只有一种交通,且流量恒定,当 q 作为变量时,该假设放松;Q 表示道路最大容量;$t(q, Q)$ 是道路使用者的出行时间,它是单位时间交通流量和道路最大容量的因变量；$K(Q)$是最大容量为Q的道路的建造成本；$\rho K(Q)$是每年的分摊成本，包括设施折旧和维护成本。qht(q, Q)是道路使用者出行的时间成本，令难以量化的公共设施和服务的水平得以反映。

　　由该式可见，道路也并不是可以完全独立运作的。除了占用土地之外，还需要一系列配套基础设计及公共服务，如各种交通辅助设计及管理、交通秩序维护、事故紧急处理、交通案件司法、执法等等。这一系列相关的产品和服务，都是政府为保障全体社会公民利益所提供的公共产品，其成本并不是由车辆使用者承担，而是由社会全体纳税人来承担的。

　　已有研究表明，在所有的出行方式中，汽车所需的公共服务的成本是最高的。根据美国技术评估局（U. S. Office of Technology Assessment）1994年的测算，美国道路交通中的公共服务成本大致如表4 - 7所示。

表4 -7　道路交通公共服务成本估算（10亿美元／年）

公共服务部门	低 估 值	高 估 值
警　　　力	7.9	76.5
消　　　防	1.4	3.2
司　　　法	4.0	10.0
教　　　育	2.5	3.5
污染控制	1.0	3.0
总　　　计	16.8	96.2

资料来源：*Saving Energy in U. S. Transportation*, U. S. Office of Technology Assessment, 1994

　　从表4 -7中的项目可以发现，涉及的公共服务主要是与汽车相关的。该表是一个全国平均水平的计算，各州之间的情况各不相同，估值也因方法和参数等区别相差较大，但其反映出道路公共服务成本是一项较大的政府开支，其实质是不使用汽车的纳税人对汽车使用者的补贴。这种补贴反映出公共资源配置的不合理性，也体现了道路提供的外部成本。

三、道路修建的分隔效应（barrier effect）与视觉侵扰（visual intrusion）

（一）分隔效应

无论是在实际中还是在心理上,道路,尤其是运输干道常常形成人们出行或交往的有形障碍。为满足车流量的需求,城市日益增多的道路给人们的日常生活带来了诸多不便。因此,道路的分隔效应也是道路提供的外部成本之一。该效应可以分为两类:障碍效应（barrier effect）和社区分隔效应（community segregation effect）。

道路一向被视为联系城市各部分的纽带,而这里的障碍效应指的是机动车对行人与非机动车带来的利益损害。机动车的增加,会增加行人与非机动车（主要是自行车）在交通过程中的不适与事故发生的风险,有时候,行人和非机动车为避免遭受这样的不适与风险,会放弃部分出行,这也是一种损失。随着机动车道的增加,以汽车为主体的交通系统的设置,行人和非机动车要花费越来越多的时间等待穿越路口,或行走更长的路到达对面。在道路面积一定的总量限定下,机动车道渐渐蚕食了部分人行道与非机动车道,进一步加大了后者的不适与风险,有的车道设计还令他们不得不改道交通或改变交通方式。

由此可见,一方面,障碍效应对交通能力较弱的群体施加了更大的压力;另一方面,该效应令越来越多的人不得不改变其出行方式,转向机动车,从而导致小汽车的进一步增加。这便是为一系列理论和实证所支持的现象:机动车道的提供与使用与非机动车方式出行数量负相关。

通常来说,城市的道路系统可以分为以下几个层次:快速路[①]、主

[①]　城市道路中设有中央分隔带、具有四条以上机动车道、全部或部分采用立体交叉与控制出入以供汽车以较高速度行驶的道路。

干路①、次干路②和支路③。社区分隔效应一般由城市快速路和主干路引起,它们一般较宽,且提供的穿越区域较少,有些情况下允许穿越的时间也较短,因此在地理和心理上将当地社区分隔成了两部分,妨碍长期建立起来的社会联系,有时还妨碍人们享受马路对面的娱乐与就业机会。社区分隔效应可视为障碍效应的延伸。

Davis 的研究表明:学龄儿童受分隔效应的影响特别大。在英国,自己步行去学校的学龄儿童比例从 1971 年的 80% 下降到 1990 年的仅 9%。这其中很大的原因是交通风险的增加。很多学校认为:"车流量和车速"是阻碍学生步行或骑车上学的最重要的原因。Holtz 等对美国两个小镇的青少年的行为进行了比较研究。在两个小镇中,一个小镇可以自由行走,另一镇子由于轿车过多而影响步行。研究结果发现,这两地青少年的行为迥然不同。在可以自由行走的镇子,无论是孩子们的活动距离还是他们所能到达的地方,都是后一个镇子孩子们的三倍,而后一个镇子的孩子花费在看电视上的时间则比前一个镇子高出三倍。

(二) 视觉侵扰

在视觉侵扰方面,相关研究中,大部分学者将其与空气污染、噪音等归为一类:环境效应。但如果将土地使用的外部性纳入研究的话,那显然:视觉侵扰是由交通设施对土地的侵占直接引起的,纳入这一类更直观、清晰。这是一项容易被人忽略且难以计算估量的外部成本,但其存在性是难以否认的。且随着越来越多交通设施的修建显得日益重要起来。不单单交通基础设施,可移动的运输工具也往往造成视觉侵扰。从审美的角度来看,这是对原先视觉感受的一种负面冲击,因此其在宏观上来说是对城市形象的破坏,具体到个人便是居民效用的损失,因为这样的情景远远不是赏心悦目的。

---

①、一般作为城市主要的交通干路,路断面设机动车道和非机动车道,让它们分道行驶。两侧不宜或尽可能减少设置公共建筑的出入口。

② 相当于城市地区级或居住级的道路,两侧可设置公共建筑。

③ 支路应满足公共交通线路的正常通行的要求,可以与次干路和居住区、市政公用设施用地、交通设施内部的道路相接。

视觉侵扰造成的效用损失毋庸置疑。英国政府早在 20 世纪 70 年代起就制定专门的法案对其居民由于新建道路对其近旁房屋等财产造成价格的下降进行补偿(land compensation)，除了前文分析的分隔效应及环境影响等因素之外，相关设施的视觉侵扰也是其中不可忽视的一个因素。相对于对个体影响的实证研究，道路影响总量的实证研究要复杂得多。以 Clamp(1976)为代表的学者通过研究被交通设施与工具遮挡的地平面的百分比，来估计高速公路对地面景观的破坏。但这种方法只考虑了问题的一个方面，因为交通基础设施必须放在它周围的环境中来考察。同样一条公路，既可以破坏原先的自然美，又可以挡住难看的死角，产生的效用结果完全不一样。而且，在路网密布的城市里，随着城市各类建筑的增加，Clamp 地平线遮挡百分比的测量方式已不再适用。

随着研究方法和研究工具的发展，之后的学者采用控制变量等方法，尝试对道路的视觉侵扰进行定量研究，并得到相应的结论。Lake 等尝试将其货币化的研究具有较大的经济学意义。由于该影响没有直接的可观测的货币损失，因此 Lake 等尝试了一种间接的计算方法：运用地理信息系统(GIS)和大规模的数据，通过控制变量法研究视觉侵扰对房价的影响。在考虑了 80% 以上影响房价的变量后，其研究结果显示：前方可以看见交通干道的房屋，视觉侵扰对其均价的负面影响占总房价的 2.5%。

第三节　城市道路提供社会成本的实证研究——以上海市为例

一、相关公共资源的使用成本

（一）上海市道路提供情况

近年来，上海全市交通运输用地比例，由 1996 年的 0.89% 增长为 2004 年的 2.21%（韩伟，2006）。根据市房地资源局编制、由国务院批复的《上海市土地利用总体规划》，至 2010 年，上海市交通用地规模达到 292.44 平方公里,占全市土地面积的比重上升至 3.50%,是 1996 年的 4 倍。

表 4 - 8　　上海市道路设施规模

年份	道路长度①(km)			道路面积(km²)			车行道面积(km²)		
	公路②	城市③道路	合计	公路	城市道路	合计	公路	城市道路	合计
2005	8 110	4 117	12 227	132.4	77.0	209.4	102.3	54.2	156.5
2006	10 392	4 227	14 619	135.1	79.9	215.0	105.3	55.1	160.4
2007	11 163	4 295	15 458	142.2	83.6	225.8	122.3	58.8	181.1
2008	11 497	4 347	15 844	144.1	87.4	231.5	125.7	61.5	187.2
2009	11 671	4 400	16 071	152.9	92.8	245.7	132.9	63.3	196.2

资料来源:《2010 上海市综合交通年度报告》,上海市城市综合交通规划研究所。

根据上述统计资料绘制图 4 - 7。

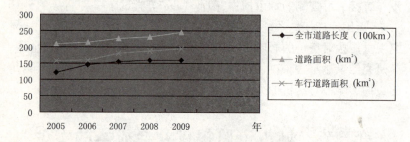

图 4 - 7　上海市道路增长曲线

①　根据《上海统计年鉴》,道路长度指道路及与道路相通的桥梁、隧道的长度,按车行道中心线计算。

②　公路是指联接城市、乡村和工矿基地之间,主要供汽车行驶并具备一定技术标准和设施的道路称公路。不设非机动车道和人行道。

③　城市道路(含桥涵设施)是指城市规划区内的车行道、人行道、广场、公共停车场、隔离带、路肩、路坡、路堤、窨井盖、边沟以及跨河桥、立交桥、人行天桥、高架路、隧道、路灯、地下通道等构筑物和已经征用的规划红线范围以内的道路建设用地。

可见,上海市道路长度呈明显的逐年增加的趋势,道路面积不但随之同时上升,近年来还以更高比例增加,反映出上海城市道路在原先道路基础上拓宽、扩建的情况。这主要是因为根据上海中心城区道路状况,如再大规模新建道路,空间已经很小。只有采用改建、扩建等多种手段,调整道路网络空间,才能满足增长的交通的需求,缓解日益增加的道路交通压力。

此外,道路包括了城市道路与公路两类,由统计数据可见,主要用于机动车行驶的公路的增加超出人行道和非机动车道面积占比较大的城市道路的增加。以2009年为例,全市公路和城市道路总长16 071公里,同比增长1.4%。其中,公路11 671km,同比增长1.5%;专用于机动车的高速公路768km,同比增长20.6%;城市道路4 400km,同比增长1.2%。图4-8为近年来上海市道路的增长比较,可见绝大多数的新增道路资源都配置给了机动车。

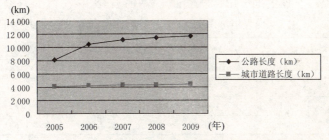

图4-8　上海市公路与城市道路增长比较

(二) 上海市道路使用情况

虽然道路在不断增加,但对城市道路交通实际情况的调查评价结果显示,上海的中心城①、特别是内环线以内的道路交通状况仍不容乐观。

为了缓解市中心地面道路的交通压力,上海市从上世纪90年代初起规划建造了一系列城市高架道路,为车辆提供快速通道,提高交通效率,在建成初期取得了极大的成效。

———————————

① 指外环以内区域。

表 4 - 9　申字高架道路运行状况

	日吸引量(万辆次)	每日车公里数(车 km)	平均出行距离(高架路段)(km)
内环高架	28	175 万	6.25
延安路高架	17	67 万	3.9
南北高架	15	81 万	5.4

资料来源:陆锡明等《上海市高架道路系统研究》,上海市城市综合交通规划研究所,同济大学,上海市交巡警总队 2000。

如表 4 - 9 中日吸引量所示,每天上下高架系统的车辆达到 60 万辆次;市中心高架道路系统每天的车辆行驶车公里数达到 323 万车公里,如果按照市中心区 1 066 万车公里[1]出行量的话,整个高架系统的出行量在 2000 年已经占了市中心区出行总量的 30%。但随着交通量的增加,高架道路的饱和度也在逐渐提高,陆锡明等对主要高架路段车速的抽样统计就验证了这一点:

表 4 - 10　1998 年 12 月高架道路各时段平均行程车速　单位:km/h

高架道路		早高峰平均车速[2]	晚高峰平均车速[3]	平峰平均车速[4]
内　环		64	65	68
南　北		56	59	62
延安	东段	44	42	47
	西段	63	62	63

表 4 - 11　2000 年 1 月 21 日高架道路各时段的总体平均行程车速

单位:km/h

高架道路	早高峰平均车速	晚高峰平均车速
内　环	50.7	42.2
南　北	52.4	55.0
延　安	54.3	58.4

---

① 陆锡明等(2000)根据 1996 年第二次交通大调查初步报告数据推算得出。
② 早高峰的车速从 7:00—10:00 时段中调查车速进行统计分析。
③ 晚高峰抽样时段是 15:00—19:00。
④ 平峰的抽样时段是 10:00—15:00。

比较两表,从平均行程车速来看,延安高架的车速介于 1998 年东段和西段的车速之间,这是由于全线通车后东西之间互相疏解带来的。而内环及南北高架的高峰车速相比 1998 年均有下降。在最近的调查中,情况进一步恶化,如表 4 – 12:

表 4 – 12　部分快速路高峰时段平均行程车速　　单位:km/h

道路名称	方向	2009 年		2008 年		2007 年	
		早高峰	晚高峰	早高峰	晚高峰	早高峰	晚高峰
内环高架	内圈	35.0	25.0	36.7	32.9	40.2	36.3
	外圈	28.7	24.3	29.7	38.2	34.9	37.9
南北高架	西侧	21.6	41.6	24.1	42.8	20.5	41.9
	东侧	46.1	24.9	42.5	37.7	48.6	49.5
延安路高架	北侧	40.6	28.0	30.6	37.0	41.5	42.9
	南侧	21.8	18.0	18.5	36.3	20.3	27.0

资料来源:《2010 年上海市综合交通年度报告》,上海市城市综合交通规划研究所。

除了"高速"路在上下班时段车辆运行长时间处于"低速"运行状态之外,根据 2010 年刚结束的上海市第四次综合交通调查,由于机动车交通量的猛增,以及这种增长势头的延续,交通排堵保畅形势非常严峻,局部地区交通拥堵较为突出。目前,内环内主干道在上下班高峰时段的平均行程车速则分别为 16km/h 和 15km/h;高峰时段中心城主要交叉口拥堵的比例为 44%。

在道路交通供求关系十分紧张的情况下,道路交通资源在实际运行中的配置情况有助于了解私人小汽车实际利用道路的情况。图 4 – 9 为第三次全市交通调查中对各种客运交通方式及其效率的相关统计,具体反映了道路资源的配置情况[1]:

---

[1]　由于第四次交通调查报告中未提供相应数据,故采用第三次的调查数据作为比照。该调查统计方法为将各种客运交通工具和货运汽车产生的道路交通量统一折合成标准小汽车当量(PCUkm),2004 年全市道路交通量约 1.1 亿 PCUkm/天,其中客运交通工具产生 8 000 万 PCUkm,占 72.7%;中心城道路交通量约 6 050 万 PCUkm,其中客运交通工具产生 4 800 万 PCUkm,占中心城道路交通量的 79.3%。

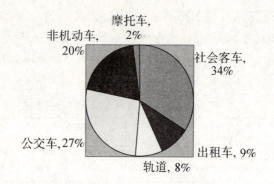

图 4 – 9　上海市中心城 2004 年客运周转量(人 km)分担率

资料来源:上海市城市综合交通规划研究所《上海市第三次综合交通调查成果简介》
交通与运输 2005.6。

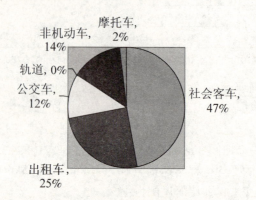

图 4 – 10　上海市中心城 2004 年(客运)道路交通量(车 km)构成

资料来源:同图 4 – 9。

　　图 4 – 9 与 4 – 10 显示了目前上海市道路的使用情况:社会客车
与出租车占据了最大的道路交通量,但其提供的客运周转量与其交
通量的比值远远不如公交车、非机动车等出行方式。可见,上海的公
共道路资源的配置效率由于社会客车的存在而下降。2009 年,全市
汽车日均出行量较 2004 年增长 68%,其中客车出行所产生的道路交
通量较 2004 年增长了近一倍,给城市交通形成了非常大的压力,而
其中小汽车使用强度仍处于较高水平。

（三）上海市道路提供土地成本估量

根据上文的分析,道路提供的成本主要由两部分组成:用于修建道路的土地成本和道路本身的修建成本。随着城市地价和建筑成本的变动,两者的比例并不固定。由于是公共产品,其中的土地成本没有要求道路使用者进行任何形式的补偿。本小节讨论相应的土地成本的实证研究。

土地由于其特殊性,只有使用价值而没有价值,因此对其成本的估量可以通过对其机会成本的估量来考察。机会成本相当于将它投入其他领域所带来的全部收益。如果用 P_E 来表示土地现值(当前的市场价格)、r 来表示市场利率的话,$P_E r$ 即为将土地用于建路的机会成本。对于土地价格 P_E 的估量,采用土地价格评估方法中的"市场比较法",即将待估土地资产与在近期已经发生了交易的同类型土地资产加以比较对照,从已经发生了交易的类似土地资产的已知价格,修正得出待估价土地资产价格的一种估价方法。

自上海1988年8月推出第一幅地块出让使用权之后,土地批租一直是上海最主要的土地交易形式。土地按用地性质分为综合楼、住宅、别墅和工业等类型。土地交易价格指数指房地产开发商或其他建设单位在进行商品房开发之前,为取得土地使用权而实际支付的价格的变动趋势和程度的相对数,表4-13为以2000年为基准,从2001年到2009年的上海市土地价格指数,反映了各年上海市各类地价的变动方向和变动程度:

表4-13　上海市土地价格指数(2001—2009,以2000年价格为100)

	2001	2002	2003	2004	2005	2006	2007	2008	2009
土地交易价格指数	97.2	103.3	118.9	143.1	153.0	154.8	166.9	180.0	184.0
居民住宅用地	92.2	102.3	125.1	161.8	170.6	169.7	177.2	189.5	195.0
工业用地	91.6	82.7	84.0	85.1	88.3	90.8	103.4	110.9	112.8

资料来源:《2010上海统计年鉴》,中国统计出版社2011。

　　将其数据绘制成如下相应图表,自 2001 年以来的各类地价走势清晰可见:以 2000 年的 100 为基准,2001 年至 2009 年,各类地价呈明显的逐年上升趋势,其中居民住宅用地的价格指数增长速度明显高于工业用地。这主要是因为近年来房地产业景气的提升带动了住宅用地价格上升所致。

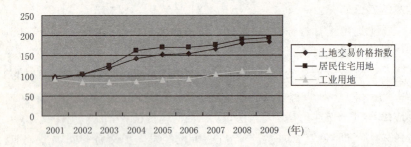

图 4 - 11　上海市土地价格指数走势

　　修建道路所占用的土地难以归类,因此这里对相应的价的考量使用综合地价。根据国土资源部网站的数据,上海市的综合地价由 2001 年的 1907 元/m² 上涨到了 2009 年的 9522 元/m²。[①]

　　2009 年的道路土地成本为当年上海市综合地价与上海市地面道路面积的乘积,为 9 522 元/m² × 24 570 万 m²,即 23 395.55 亿元(P_E)。

　　如果用上文所述机会成本来进行实证研究的话,需要加入 r 这一因子,即市场利率。保守的方法是使用一年期存款利率。2009 全年的一年期存款利率维持在 2.25%,因此 2005 年上海市用于交通的土地的机会 $P_E r$ 为 23 395.55 亿元 × 2.25% = 584.89 亿元。

　　根据调查报告,全市客运交通工具产生的交通量占道路交通量的 72.7%,而社会客车的交通量又占客运道路交通量的 47%(图 4 - 9),因此,社会客车占道路总交通量的 34.17%,即全市社会客车的

①　此处的统计数据与前文不尽一致,主要是由于统计单位不同所致。

土地成本为每年 199.86 亿元[①]。社会客车 = 民用载客汽车数量（1 249 100）- 出租车数量（47 965）- 公共汽车数量（16 272）= 118.49 万辆[②]。私人小汽车为 79.67 万辆，占社会客车的 67.24%。因此，私人小汽车交通量占总交通量的 22.98%，即私人小汽车的土地成本为每年 134.39 亿元。

（四）道路及相关公共设施和服务提供

考察上海各时期的交通设施投资，在过去的 20 年中急剧增加，远远超过上海 GDP 的增速。

表 4-14　上海各时期交通设施投资　　　　单位：亿元

类　别	"八五"时期	"九五"时期	"十五"时期	"十一五"前四年
城市道路	83.4	166.0	215.2	582.41
桥、隧	31.6	79.2	93.67	384.13
公路（桥）	48.4	67.5	278.57	490.11
轨道交通	42.8	147.3	474.89	1 056.17
合　计	206.2	460.0	1 062.33	2 512.82

资料来源：陆锡明等《上海市综合交通发展战略分析与预测评估》，上海市城市综合交通规划研究所，2004。

大桥、隧道和高架是交通道路的重要组成部分，上海市的相关设施建设在 20 世纪 90 年代集中展开，21 世纪以来也在平稳增长，具体情况如上文表 4-14 所示。在实际建设过程中，这些交通设施还会带来相关动迁费用，这在很大程度上增加了总投资额。除了交通设施建设的投资及动迁之外，其日常维护保养也是一笔庞大的开支。然而，在统计的交通设施投资中，除了轨道交通是完全用于公共交通需求之外，城市

---

① 交通量的比例是 2004 年的数据，随着私人小汽车的快速增加，该比例逐年上升；47% 取值为中心城的情况。需要说明的是，这里提供的是一种估算的方法，综合估算过程的多方因素均取保守数据。如：真正用于道路建设的土地不限于道路的实际面积，部分种类道路两侧的缓冲区导致两侧土地不能完全投入他用，由于数据的限制，在这里没有纳入计算。

② 数据来源：2010 年上海市综合交通年度报告。

道路、桥、隧和公路均为私人交通和公共交通共同使用。相关的设施和服务还包括道路照明设施、交通监控系统、司法和警力等。

　　与上述动态交通设施相对应的,为静态交通设施——停车场地。虽然和欧美等汽车化程度很高的国家相比,我国的标准相对较低,但考虑到汽车的保有量及增速、上海城市的人口和建筑密度,以下标准体现出了对停车场地较大的需求。

表4-15　中美路外停车场需求比较

建　筑	中国标准	美国标准(区划法)
人均 GDP	约 800 美元(2000 年)	25 621 美元(1997 年)
私家车拥有水平	<1 辆/千人(2000 年)	562 辆/千人(1997 年)
行政办公	30—50 个/万 m²	3.3 个/1 000 平方英尺
中型零售业	25—40 个/万 m²	5 个/1 000 平方英尺
单户住宅	0.7 个/户	2 个/户
公　寓	0.1 个/户	1.5 个/户
便利旅馆	0.1—0.2 个/间	1.2 个/间
医　院	0.15—0.2 个/100m² 建筑面积	2.5 个/床位
电影院	0.7—0.8 个/100m² 建筑面积	0.35 个/座位

　　资料来源:转引自曹国华,陆建《汽车化导向交通对土地利用影响成本研究》,江苏省城乡规划设计研究院,东南大学,2003。美国资料来源于 Local Government Parking Policy, WSDOT, Commute Trip Reduction Program (www.wsdot.wa.gov/pubtran/ctr),我国资料根据有关规范整理得到。

　　随着机动车数量的增加,必须相应地增加停车场地以满足相应的需求。

表4-16　全市停车需求预测结果

	2005 年		2020 年	
	合计 (万泊位)	停车密度 (泊位/km²)	合计 (万泊位)	停车密度 (泊位/km²)
内环线以内	24.41	2 160	34.2	3 009

(续表)

	2005 年		2020 年	
	合计 （万泊位）	停车密度 （泊位/km²）	合计 （万泊位）	停车密度 （泊位/km²）
内外环线之间	21.96	394	62.2	1 115
外环线以外	35.09	62	118.7	209
合　计	81.46	128	215.1	339

资料来源：城市交通网 www.chinautc.com/information

　　上述静、动态交通设施，既包括了公共产品，又包括私人产品。从公路、隧道、桥梁等动态设施来看，它们在一般情况下不具备竞争性。从排斥性角度来看，2000 年 5 月 1 日起，上海相继取消了南浦大桥、杨浦大桥、徐浦大桥、打浦路隧道、延安东路隧道等黄浦江大桥、隧道的收费；2002 年 7 月 1 日起，吴淞大桥、蕰川路大桥、江杨路大桥、沪太路塘桥等桥梁取消收费；2002 年 10 月 1 日起，浦东国际机场道路停止收费；2005 年 1 月 31 日，上海市中心城区最后一个道路收费站——延安路高架路西端虹桥机场收费站停止收费，从此上海中心城的动态设施也不具备排斥性。因此，它们是比较接近公共产品的混合产品。但是，交通部门通过对机动车征收养路费、通行费等方式对公共产品的成本在一定程度上作了抵补。从这个意义上讲，对机动车来说，动态交通设施并没有体现出公共产品的属性，而它对非机动车和行人则体现出很强的公共产品的属性。

　　私人小汽车对于动态交通设施的经济补偿可以分为两个阶段：2009 年之前通过公路养路费方式；2009 年 1 月 1 日起通过燃油税方式。

　　公路养路费是国家按照"以路养路"的原则，规定由交通部门向有车单位征收的用于养护和改善公路的事业费。由此可见，公路养路费用于公路的日常养护以及公路大中修、公路抢修、公路改建等公路改善工程。养路费为中央政府设立的基金，由地方人民政府制定收费标准，实行"收支两条线"管理，全额上交地方财政，纳入财政预算。除了征收养路费之外，上海市 2001 年起还向本市和进入本市的车辆征收贷款道路建设车辆通行费,用于归还新建改建高等级公路、市区高架路、桥梁、隧道等建设项目的贷款。

据北京青年报报道,北京市于 2004 年首次公布了养路费的用途。该市路政局的统计数据显示,2003 年共征收养路费 28.1 亿元,其中 10.9 亿元用于城市快速路、主干道路建设和作为高速公路建设资本金,17.2 亿元用于北京市公路改建、扩建、新建和公路日常养护①。尽管如此,对于养路费的收入与支出情况,我国到目前为止没有一个信息公开的机制,因此上海市的具体数据不能够通过公开渠道获得。上海市对贷款道路建设车辆通行费的管理也是如此。因此,本文尝试通过本市注册车辆的数量与类型,结合《上海市公路养路费征收管理办法》、《上海市贷款道路建设车辆通行费征收管理办法》等相关规定,对上海 2005 年私人小汽车(包括微型汽车)的相关费用进行估算。

表 4−17　2005 年上海私人小汽车缴纳道路使用相关费用估算额

类　　型	小型	微型	小型、微型合计
数量(辆)	352 471	29 048	381 519
养路费(万元/年/辆)	0.12	0.12	
通行费(万元/年/辆)	0.18	0.18	
无人看守铁路道口监护费(万元/年/辆)	0.001 2	0.001 2	
相关费用总额(万元/年)	106 164	8 749	114 914

资料来源:根据 2002 年 4 月 1 日上海市人民政府令第 119 号第二次修正并重新发布的《上海市公路养路费征收管理办法》、上海市人民政府令第 102 号《上海市贷款道路建设车辆通行费征收管理办法》及《2006 上海统计年鉴》估算。

如表 4−17 所示,上海市的私人小汽车 2005 年缴纳的养路费和通行费等道路使用费的总额约为 11.5 亿元。

为了能够上路行驶,上海的机动车除了每年需要支付的养路费之外,在购车后需要竞拍汽车牌照。这是上海市为控制新增机动车

---

① http://finance. sina. com. cn/x/20040326/0717688495. shtml。

总量、缓解交通拥堵,对私车牌照进行的市场化配置手段。从 1994 年起,在本市注册的私营企业或年满 18 周岁的居民或外国人需要通过竞拍才能得到上海的汽车牌照。上海私车额度拍卖经历了从不公开拍卖到公开拍卖,从国产车、进口车分别拍卖到国产车、进口车合并拍卖等发展变化。从 2000 年 1 月起,实行私车额度公开拍卖。

根据上海市政协的信息,有关部门向政协专题视察组公开了 12 年资金收入与使用的具体情况:自 1994 年对新增机动车实行投标拍卖以来,拍卖资金累计划入市财政专户 94.2 亿元,由市财政专户存储,经市政府批准使用。其中大部分投入了中环线建设、轨交建设、公安交通装备设施建设等公共事业。

表 4 – 18　上海市 12 年私车额度拍卖资金用途(1994—2006)

用　途	金　额
公安交通装备等设施建设	2.3 亿元
中环线工程建设	39 亿元
轨交建设	36 亿元
余　额	16.9 亿元
总　额	94.2 亿元

资料来源:根据上海市政协相关信息整理。

2008 年 2 月 27 日,上海市政府新闻发言人公布了上海私车额度拍卖的最新收支情况:2007 年上海市私车车牌拍卖累计成交 72 678 个车牌数,收入为 34.45 亿元。可见,一方面,私车牌照费用增加了消费者的成本,另一方面,其拍卖资金在上海市交通建设中起到了不可忽视的作用。

根据上文同样的方法计算得:2005 年,上海市私人小汽车交通量占总交通量的 22.11%。当年,私人小汽车通过养路费、通行费、牌照费等方式共缴纳了约 36.5 亿元。而“十五”期间道路、桥梁、隧道年均投资额为 112.7 亿元,私人小汽车的各项费用之和占其 32.4%,超出其占用道路的比例近 50%。当然,上海每年的城市道路桥梁维护也是一笔不小的费用,但从工程的角度考虑,相比大型客车和重型货车对道路桥梁的损耗,私人小汽车的损耗要小得多。此外,交通管理的政府服务开支尚未计算入内。因此,通过综合考量可以大致认为:私人小汽车为了获得通行权每年支付的费用与当年全市相应的交通设施基本一致。私人小汽车已承担动态交通设施的建设与维护成本,并没有造成这一公共资源的低效配置①。

2009 年 1 月 1 日,由国家发改委、财政部、交通运输部和国家税务总局联合发布的《成品油价税费改革方案》开始执行,以燃油税的方式替代了先前的养路费和其他费用,同样也补偿了机动车对动态交通设施的使用。

相对上述动态交通设施,以停车场地为主的静态交通设施的使用具有完全的竞争性与排斥性,采取有偿使用的方式,使用者通过停车费、车位费等完全支付相应的对价。上海市 1995 年 8 月起实施的《上海市收费停车场(库)计费规定(暂行)》将全市所有地区的收费停车场(库)分为六级地段、六等停车场,制定了一系列停车收费标准,小型车从每小时 1 元至 11 元不等,价格跟随车型的增大而上浮。住宅区的非经营性停车场所也有基本统一的收费标准,地面露天停放泊位一般每月收费为 250 元/辆,车库停放每个泊位每月收费约为 400 元/辆,每年为 3 000 元至 4 800 元。各区之间略有差异。对小型车来说,一个标准车位的尺寸为 2.6m(宽)×5.3m(长)到 3.0m(宽)×5.3m(长),占地约 16m²。若假设其完全占用土地面积,以上海市 2009 年综合地价 9 522 元/m²,使用年限为 50 年来计算,每年的用地成本平均为 3 047 元,加上车位的建造、维护和管理成本,每年 3 000 元至 4 800 元的支出可视为支付完全对价②。可见,静态交通设施的使用者支付的费用能够涵盖相关成本,也没有造成相关公共资源的配置问题。

---

① 一般来说,交通设施支出成本的计算是将有关支出按 35 年的折旧时间进行计算,使用 4%的实际利率作基准。利率成本和 35 年期的折旧成本之和便是总成本。但考虑到上海近年来每年的交通设施增量导致各年成本的差异及上海市私车牌照费的特殊做法,采用当年相关收入、支出比较的方法。

② 假设车辆容积率为 1。

综上所述,私人小汽车承担了动态交通设施的建造与使用成本及静态交通设施的相关成本,但是没有承担与动态交通设施相关的土地成本。

二、分隔效应和视觉侵扰社会成本[①]实证研究

对于非私人小汽车消费者来说,交通能力越强,出行次数越多,受分隔效应和视觉侵扰的影响越大。根据西方实证研究的结果:在收入相等的情况下,工薪阶层比非工薪阶层的交通能力高;男性的机械化交通能力比女性高,而女性的步行交通能力比男性高;16到45岁的青壮年交通能力最高。本章对这两类外部成本并不进行以上相对量分析,而将在一定范围内进行总量分析。

（一）分隔效应社会成本实证研究方法

对于分隔效应,一些研究认为:目前没有普遍接受的办法,对社区分隔的成本进行考察。也有一些政府部门意识到这方面外部性的存在,尝试通过其他方法对分隔效应进行量化。但是,在很长一段时间内,道路对社区造成的分隔效应的量化具有相当的挑战性。虽然有可能得出由于这种分隔效应造成的行人滞慢和绕道的估计值,但是很难确定由此取消的外出的成本,如果仅照前者估算的话并不完整。正如英国运输部1977年的《杰佛逊报告》所指出的:"总的结论是:到目前为止,没有一个可行的方法,令社区估价的考察范围比较全面,所能做的只有在适当的情况下作主观的陈述了。"

20世纪80年代初期,北欧一些国家的研究将分隔效应纳入了交通项目评估的内容。具体的估量方法为:计算由于道路等交通设施的存在导致增加出行的时间和非机动车出行方式的事故风险,然后将其与时间价值及事故单位成本相乘,得出的结果便是分隔效应的总成本。

瑞典(1986)和丹麦(1992)对特定路段的分隔效应进行测算。该方法包括两部分:第一,根据交通量、平均速度、过街横道线等道路及交通情况计算出障碍因子;第二,根据该地区的居住、商业、娱乐等

---

① 私人小汽车没有通过任何方式承担分隔效应和视觉侵扰的社会成本,即私人成本为零,社会成本均为外部成本。

情况计算不存在障碍情况下的穿越需求。将两者结合即得出道路分隔效应的外部成本。

Saelensminde 对挪威的测算得出:分隔效应的人均成本每年为112 美元,这大于挪威道路交通中的噪音成本,与空气污染成本几乎相等。当然,由于各地实际状况的差异,这个数字并无普遍代表性,但其中一般性的逻辑是对各国普遍适用的。

Bruinsma 等介绍了 Defense Expenditures 方法来计算分隔效应。这种方法使用为消除分隔所采取的相应的措施而支出的成本进行计算,简称"消除影响法"。该方法的前提是相关措施的数据可以获得。同交通设施支出的计算一样,将为消除交通设施分隔影响的支出按35 年的折旧时间进行计算,使用 4% 的实际利率作基准。利率成本和 35 年期的折旧成本之和便是"消除影响法"所得的总成本。但是,Bruinsma 提出,该成本并未完全涵盖交通设施分隔效应的真实成本。实际成本是计算所得的 5 倍至 10 倍,根据不同情况而定。Bruinsma的计算中,基于实际情况并本着审慎的原则,取值 5 倍于计算所得。

(二)上海市中心城交通设施分隔效应实证研究

根据上述分隔效应的测算方法,考虑到由于道路等交通设施的存在导致增加出行的时间、不存在障碍情况下的穿越需求等要素难以科学地进行量化的衡量,本书选用 Bruinsma 等的"消除影响法"对上海中心城的交通设施(主要是道路)所产生的分隔效应进行实证研究。

表 4–19 为上海市道路的分类,不同的道路使用对象和道路分隔形式,对行人和非机动车过街造成的阻碍各不相同。产生分隔效应的主要是城市快速路、主干道和次干道。

表 4–19　上海市道路功能分类

级　别	快速路	主干道	次干道	支　路
道路使用	汽车或客车专用	汽车或客车专用	机动车专用或机、非合用	非机动车与行人优先、货车限制
道路分隔形式	封　闭	中央分隔	快慢分隔	不分隔
机动车道数	≥6	4—8	4—6	2—4

（续表）

级　别	快速路	主干道	次干道	支　路
自行车道形式	无	与人行道共用，局部独立	独立或与人行道共用	机非合用
行人过街	无	少	较少或中等	多
通行能力	≥1 000pcu/h	700—1 000 pcu/h	500—700 pcu/h	<500 pcu/h

资料来源：上海市经济委员会《上海市道路照明节能指南》2005.6

　　为了消除城市快速路、主干道和次干道等对行人和非机动车过街的影响，需要设置过街设施。本文以行人过街设施的设置作为考量对象。这一方面是因为上海市对非机动车的过街设施及间距尚未有明文规定；另一方面是由于非机动车所受到的阻碍方式与行人相似，但由于其速度情况，对过街设施的要求数量相对较小。

　　使用"消除影响法"度量分隔效应过程中，需要得到两组数据：n 代表过街设施的数量，p 为过街设施的建造和维护的年均成本。那么，总的支出成本：

$$C = p_1 n_1 + p_2 n_2 + \cdots + p_n n_n \qquad (4-5)$$

　　根据上海市市政工程管理局制定的《上海市城市干道行人过街设施规划设计导则》，行人过街设施指供行人过街使用的地道、天桥、人行横道、步行安全岛、行人信号灯和行人过街交通标志等交通设施。考虑到快速路为封闭路段，而主干道相对较宽，留给行人穿越的时间短且间隔长，在这两类道路人行横道、步行安全岛等地面设施并不能完全消除分隔效应，因此，本文将地道和天桥等立体过街设施视为消除相应影响的措施，而将人行横道、步行安全岛、行人信号灯和行人过街交通标志等平面设施视为次干道和支路使用的相应措施。

　　与北京、深圳等国内其他大城市相比，即便把地铁出入口加进去，上海的地下通道相对少得多；全市过街天桥更是只有四十多座。上海市社科院的张鸿鸣教授曾做过粗略的统计对比：香港建筑间的地下通道和过街天桥共有近千处，而面积5倍于香港的上海，目前只有几十处这样的通道。行人不得不同机动车在马路上并行，而且常常因为马路中间隔着护栏而要绕上一个大圈才能到达马路对面。可见，上海的立体过街设施严重不足,对行人和非机动车造成了严重的分隔效应。在缓解城市交通压力方面,地下通道和过街天桥作用大致相等,而过街天桥的优势是造价便宜,通常不到地下通道的三分之一,且日常运营维护成本低很多。因为地下通道除结构复杂外,还要做内部装修、照明、排渍等。本文采用保守的算法,假设立体过街设施一律为天桥。

根据近年来的造价标准,普通的不设自动扶梯和升降机的混凝土人行过街天桥,其建造成本为每平方米建筑面积 1.5 万元。上海市快速路、主干道的平均宽度为 24m,那么每座宽 4 米的天桥的建筑面积约为 200m²,从而平均每座天桥的建造成本约为 300 万元。相对立体过街设施,平面过街设施的成本就低得多了,主要是行人信号灯和行人过街交通标志的造价。根据相关机构的估算,平均每一个过街处相关设施配备的成本大约为 3 万元[1]。根据国际上通行的处理方法,本文将相关成本按 35 年的折旧时间进行计算。

根据《上海市城市干道行人过街设施规划设计导则》的规定,过街设施的间距原则为:在居住、商业等步行密集区域过街设施间距不宜大于 250m,在工业园等步行活动较少区域过街设施间距不宜大于 400m。不同用地类型及城市区域,不同等级干道上步行过街设施的最大间距的具体规定如表 4 – 20:

表 4 – 20　中心城干道[2]过街设施最大间距

用地 道路类型		居住、社会服务 设施用地		商业、办公		对外交通		绿　地		工业 仓储
		A 类	B 类	A 类	B 类	A 类	B 类	A 类	B 类	
快速路		300	500	350	500	400	500	500	600	700
主干路	I 级	200	300	200	350	300	350	350	400	600
	II 级	250	350	250	350	350	400	400	500	600
次干路		150	200	150	250	250	300	300	400	500

注:A 类:中心区、市级副中心、地区中心;B 类:中心城其他区域

---

[1]　相关工程造价信息来自上海崇明市政工程公司。
[2]　干道范围是指上海市中心城内快速路、主干路和次干路。

出于简化统计与保守原则的考虑,本书取 400m 作为快速路和主干路过街设施的平均最大间距、250m 为次干路与支路过街设施的平均最大间距。近年来,上海市中心城的干道数量持续快速地增长。2009 年底,上海中心城道路总长 3 317 公里;预计到 2010 年,将有 300km 快速路、525km 主干路和 760km 次干路的总长度约 3 600km 的中心城道路网络。

表 4 – 21　　上海中心城道路分布表

级　　别	快速路(km)	主干路(km)	次干路(km)	支路(km)	总计(km)
2004	200	350	500	1300	2350
2010	300	525	760	2015	3600

资料来源:陆锡明《上海交通发展规划》2005.7;陆锡明等《上海市综合交通发展战略分析与预测评估》上海市城市综合交通规划研究所,2006

根据表 4 – 21 中 2010 年的数据及相关设施成本,按 35 年的折旧时间进行计算:

表 4 – 22　　上海市中心城道路行人过街设施(道路当量)成本估算

道路分类	道路长度(km)	行人过街设施种类	行人过街设施数量	行人过街设施单位成本(万元)	行人过街设施总成本(万元)	行人过街设施年均成本(万元)
快速路与主干路	711(扣除高架道路长度 114 米)	天桥	1 778	300	533 400	15 240
次干路与支路	2 785	信号灯与过街交通标志	11 140	3	33 420	954.86
总计					566 820	16 194.86

正如 Bruinsma 提出的,该成本也并未完全涵盖上海中心城交通设施分隔效应的真实成本。其他成本如:行人使用天桥需要多费时间和力气、使用人行横道需要等待一定的时间、自行车等非机动车的需求等并没有完全考虑在内。因此,如采取保守算法,将实际成本取

计算所得的 5 倍,那么,上海市中心城由于交通设施的分隔效应造成的外部成本即为 8.10 亿元。而私人小汽车的交通量占总交通量的 22.98%,可视为占用相应比例的交通设施,因此,私人小汽车消费的分隔效应外部成本为 8.10 亿元 ×22.98% = 1.86 亿元。

(三) 视觉侵扰社会成本实证研究方法

根据本章第三节对视觉侵扰定量研究的有关综述,交通设施产生的视觉侵扰方面的外部成本可以通过对其周边房价的考察比较来获得定量的结论。因此,本书拟通过对上海中心城道路交通设施对其两旁房产价格的影响来反映其视觉侵扰的外部成本。

在房产市场上,影响价格的因素有很多。各种因素的影响方向、影响程度不尽相同,作用方式也有区别。除了开发商的开发成本和房产市场的供求关系之外,一些因素如社会因素、环境因素、人们的偏好等对价格都有很大的影响。笔者试将各种因素分为两大类:宏观因素与微观因素。

宏观因素主要指全社会宏观经济运行状况对房价的影响。如果政局稳定,社会安宁,经济繁荣,则有利于增强投资者购买住宅的信心,且随着国民生产总值迅速增长,居民的收入水平也会不断提高,对房地产的有效需求相应增加。这是保持房产价格稳定的积极因素。宏观经济也会影响供需双方的心理因素。如果人们对政治、经济的发展前景普遍持乐观态度,市场会呈现一片繁荣气氛;反之,如果人们对未来的发展前景不乐观,甚至持怀疑态度时,就可能引起房产价格下跌。微观因素则主要指对房产价格有影响的,反映住宅自身的自然地理性状的因素。主要包括其自然地理位置、经济地理位置、建筑物外观及结构、内部格局、设备配备和施工质量等、单元的面积、层次和朝向等。在同一城市中,不同区域或地段的空气污染、水源洁净、交通便利、绿化程度等是各不相同的,即使在同一区域内各种建筑物的周围环境和小气候也不尽相同,从而会对房产价格产生影响。经济地理位置关系到房产周围市政基础设施条件和公共建筑配套设施条件。前者主要包括交通运输设施、邮电通信设施和给排水设施等,这些设施完善与否直接影响到当地居民的生活条件,因而会在很大程度上影响住宅价格;后者主要包括商业服务设施、文化教育设施、体育娱乐设施和医疗卫生设施等。这些配套设施条件越好,当地房产价格往往越高,反之价格就低。

度量交通设施对其两旁房产价格的影响,相关文献通常采用"分离变量法",通过收集各处房产的各个价格影响因素,然后使用相关的统计软件将其中各个因素的影响程度分别计算出来。这种计算方法虽然有充分的理论基础,且通过功能强大的统计软件能得出一系列精确的相关数据,但也有着十分明显的缺陷:影响变量的不可穷尽性和数据的可得性与准确性问题。目前这两个问题都不能得到很好的解决,容易造成结论的偏差,因此本文对此不予采用,而是使用相对直接的专业机构采访与社会调研相结合的方式,试图得出在宏观因素和其他微观因素完全相同的情况下,近旁存在交通设施与不存在交通设施的房价的差异,以及相关交通设施产生的视觉侵扰效应在房价差异中所占的比例。

（四）上海市中心城交通设施视觉侵扰实证研究

本书将研究范围界定在上海市外环线以内的中心城,这是因为中心城是上海市房屋密度和交通干道密度最高的区域,在此地理区域内进行相关的研究更具现实意义。本文采取专业机构采访与社会调研相结合的方式是出于保证结果真实性的考虑,对房地产专业机构的采访从客观的角度,根据实际的市场成交情况,提供专家对交通设施、特别是交通干道对房价影响的信息。而社会调研则从需求方主观的角度,提供居民自身所感受到的视觉侵扰程度的货币衡量。

1. 对房地产专业机构的采访

笔者先后走访了金丰易居·上房置换（同心路店）、中原地产（五角场店）和生机地产（邯郸路店）的主要负责人。金丰易居·上房置换（同心路店）位于虹口区与中山北一路内环高架相交的同心路上,经营房屋以居民商品住宅为主;中原地产（五角场店）位于五角场中心区附近的政通路上,随着贯穿五角场的中环线的通车与五角场上海市"副中心"位置的确立,及对轨道交通十号线建成的预期,五角场的商业房产和居民住宅的交易十分活跃;而生机地产（邯郸路店）

位于邯郸路中环路、中山北一路高架口,常年经营交通干道周边的房产。这几家公司作为各类房产中介、代理和咨询的知名机构,根据多年的执业经验与市场观察,提供的信息十分具有借鉴意义。其相关负责人就笔者提出的问题进行了解答,每个人都回答了同样的问题,分别是:

问题 1. 假设有 A、B 两套房,各方面条件都一样,但 B 靠着快速路、主干道等交通干道,B 的价格与 A 相比较是高还是低(不考虑商铺)?

问题 2. 请分别针对住宅楼和办公楼提供上一个问题的百分比。

对三家公司提供的信息总结如表 4-23 所示。

表 4-23   控制条件下房产价格比较

来　　源	联系人	问题 1	问题 2(住宅楼)	问题 2(办公楼)
金丰易居·上房置换(同心路店)	周小姐	低	15%	15%
中原地产(五角场政通路店)	张经理	低	20%	15%
生机地产(邯郸路店)	刘经理	低	20%	15%

从表中可见,交通设施对房价有绝对的负面影响。笔者就相关的具体数据及之间的差异原因进一步对相关人员进行了采访。金丰易居提供的两类房产的影响相同,一方面是因为同心路一带近年基本上没有新房供应,现有住宅楼属于较稀缺资源,因此即使靠近路边的住宅也不愿较大幅度降低价格。中原地产和生机地产临近中环,该交通干道浦西段于 2006 年通车后,车流量迅速上升。且中环的多数路段设计成双向八车道,规模比先前的高架大得多。由于居民住宅更注重环境,因此,靠着干道的此类住宅价格受到的影响相对较大。

2. 社会调研

虽然对专业机构的专访能够从客观上了解主要交通设施对房产市场价格的影响,但是该方法相对本文的研究而言有两个主要的局限性。首先,市场差价体现的是主观感受影响最小的需求方的受影响程度,并不能综合反映对居民的综合影响;其次,本书研究的是交通设施对房产市场价格的影响的其中一个因素——视觉侵扰。而相关专业机构掌握的客观数据难以从需求方的主观感受出发,给出确切的答案,因此需要通过其他途径将各影响因素作进一步的分离。为了解决上述问题,本文采取问卷调查的方式,以期从需求方主观角度得出主要交通设施对房产市场价格的影响及其中因素的影响程度。

通过对上述机构的咨询及部分消费者的采访,笔者在上海地区的问卷调查中将相关影响因素归纳为四种:

B3. 假设有 A、B 两套公寓房,各方面条件一样,但 B 紧靠高架(或交通干道),B 比 A 的价格低多少情况下,您愿意选择 B:

① 10%　　② 15%　　③ 20%　　　④ 25%

⑤ 30%　　⑥ 40% 或以上

您认为 B 公寓面临的下列四项因素,对您所选择价格的影响程度(请注意:四项因素所对应的比例之和应为 100%)

① 空气污染　　　　　　　　　　(　　　)%

② 噪音污染　　　　　　　　　　(　　　)%

③ 视觉影响　　　　　　　　　　(　　　)%

④ 社区分割(由到对面不便引起)　(　　　)%

　　　　　　　　　　　　　　总计　100%

由于本文分析的是综合影响,因此均采用 EXCEL 软件进行平均值计算,结果如表 4 – 24

表 4 – 24　问卷 B3 题统计结果(平均值)

价　差				
24.88%				
空气污染影响比例	噪音污染影响比例	视觉影响影响比例	社区分割影响比例	总　计
32.34%	35.89%	17.46%	14.24%	100%

由表 4 – 24 可知,房产消费者的心理价差比实际的市场价格低 5 到 10 个百分点。原因上文已经分析过,是因为实际成交价反映的是

主观影响最小的的需求者受影响的程度,而调研则广泛面对各类需求者,得出的是主观影响程度的平均值。在价差的影响因素中,空气污染和噪音污染的影响程度明显高于其他两者,而视觉影响和社区分割两者相差不大。

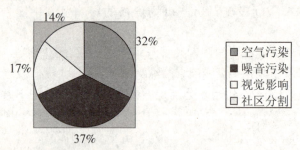

图 4 – 12　交通干道对近旁房价的影响因素比例

通过上述调研,便可从受影响方的主观角度出发,分离出视觉侵扰对房价的影响,从而能够间接计算出其外部成本。

3. 结论

对于价差的最终确定,本书则以专业机构提供的数据为基准,选取 15% 作为交通干道对近旁房价的负面影响幅度。该选择原因有三:首先,本书始终采取相对保守的数据与计算方法;其次,调研过程中没有给调研对象资金限制的假设,根据个人厌恶负面影响的原则,可以认为受采访者选择的比例偏大;第三,中原地产和生机地产提供的数据是基于新建成的中环线的,而中环线相对于先前的干道来说规模更大,负面影响也更大,因此相应的价差较大。

综上,上海市中心城交通干道(尤其是快速路和主干道)对近旁房价的负面影响为 2.62% ,且该比例随着道路交通设施规模的扩张而呈上升趋势。用公式表达为:

$$C = P \cdot N \cdot p' \cdot R_v \cdot R_c \qquad (4-6)$$

其中,P——上海市中心城房产综合价格;

N——交通干道近旁房产的数量;

p'——交通干道对近旁房价的负面影响幅度,本文取 15%；

R_v——视觉侵扰因素在总体影响中的比例，本文经调研得出结论为 17.46%；

R_c——私人小汽车所占道路的交通量，根据前文的统计，私人小汽车占道路总交通量的 22.98%。

因此，由以小汽车为主的社会客车导致的交通设施增加所带来的视觉侵扰的负面影响为相关房产价格总量的 0.60%，即视觉侵扰的外部成本。

第四节　本 章 小 结

本章首先由城市交通的"瓶颈问题"，提出公众对城市道路需求合理性的思考。通过相关的理论分析与文献综述，文章认为：新建道路最初固然降低了出行时耗，但同时也诱发和转移了交通需求。修路越多会导致更多的交通量，即诱增交通（induced travel）。因此，从长期来看，增加道路实际上只会使交通情况恶化。基于此，文章认为"唐斯定律"是城市道路提供的"萨伊定律"，理论上不宜采用供给管理，而应采取需求管理的方式，控制交通量。但是对政府来说，由于社会折现率的存在，日后拥堵成本的现值就减少了。因而，较需求管理而言，相对短视的政府更倾向于供给管理。文章以上海为例，采用实地调研和问卷调查的形式通过两个不同的角度对"唐斯定律"的存在性进行了实证研究，认为以供给管理来应对私人小汽车的增加会导致城市道路的过度提供，消耗大量公共资源。

基于上述理论与实证，本章第二节通过对大量相关国内外文献的研究和综合，将道路过度提供外部成本从三个角度进行了细分：对公共资源的占用及分隔效应（barrier effect）与视觉侵扰（visual intrusion）。

第三节以上海市中心城为例，通过各种途径和方式对道路过度提供外部成本进行全面的实证研究：

相关公共资源的使用成本部分,文章认为:动态交通设施方面,私人小汽车为了获得通行权每年支付费用与当年全市相应的交通设施基本一致。私人小汽车已承担动态交通设施的建设与维护成本,并没有造成这一公共资源的低效配置;但是私人小汽车并没有承担动态交通设施的土地成本,文章对这一公共资源的成本根据私人小汽车的道路使用量进行了估算。相对上述动态交通设施,以停车场地为主的静态交通设施的使用具有完全的竞争性与排斥性,采取有偿使用的方式。文章经计算认为:使用者通过停车费、车位费等完全支付相应的对价。

分隔效应的外部成本部分,文章采用"消除影响法",结合上海市中心城道路建设状况和上海市市政部门相关规划设计导则,对中心城交通设施的分隔效应进行货币估量,得出其年均外部成本。视觉侵扰的外部成本部分,文章采用专业机构采访与社会调研相结合的方式,通过对上海中心城道路交通设施对其两旁房产价格的影响来反映其视觉侵扰的外部成本,保证了结果客观性与真实性。

本章理论研究方面的创新之处主要有两点:第一,提出了"唐斯定律"是城市道路提供的"萨伊定律",从而为讨论城市道路的管理方式提供了新的视角;第二,从三个方面相对完整地分析了由城市道路供给管理导致的道路过度提供的外部成本,为相关研究提出了新的分析框架。

本章实证研究方面的创新之处主要有两点:第一,多处采用了客观角度和主观角度相结合的方法,一方面保证了结论的可靠性,另一方面,不同的方法各有利弊,两种方法的结合不但能相互验证,而且往往能相互补充。第二,根据文章研究对象,对上海市中心城的交通设施及交通状况进行了详尽的研究和比较,结合相关理论,对上海市中心城交通设施的社会成本进行了全面深入的分析,具有很大的现实意义。

本章的不足之处在于:在实证分析视觉侵扰外部成本的部分,由于数据及笔者能力所限,没有能够确定式(4-6)中的 N 值,即交通干道近旁房产的数量,没有得出确切的货币度量值。此外,本文多次根据谨慎原则进行数据选择,可能导致最终的外部成本偏小。

第五章　私人小汽车消费的拥挤社会成本研究

　　美国的洛杉矶是世界上最早以汽车交通为基础发展起来的全新城市,城市规划道路均是为小汽车运行方便而设计的。但是,早在1937年,洛杉矶就出现了交通拥堵现象,且渐趋严重。到了20世纪70年代,随着汽车数量的不断增加,拥堵现象在各大城市蔓延。在美国,据公路交通部门1996年的统计,所有上班族全年花在堵塞中的时间,累计可达80亿小时。因拥堵造成的生产力损失,公路部门保守的估计是430亿美元,经济学家则认为可达1 680亿。发展中国家在追求所谓的"轿车文明"的过程中也有相同遭遇:在韩国的汉城(今首尔)每天交通拥挤的时间长达12小时,巴西的里约热内卢堵塞时间为14小时。其他国家的城市如加尔各答、伊斯坦布尔、马尼拉等也都普遍出现交通堵塞[①]。

　　拥挤使车辆运行速度下降,造成时间的浪费、燃油的耗费与环境的污染等一系列负面效应。本章将对私人小汽车消费带来的拥挤所造成时间耗费及相关事故的外部成本分别进行研究。

---

① 见王蒲生《汽车:越来越慢的蜗行》,《中国社会导刊》2005年第20期。

第一节 交通拥挤社会成本的
理论分析——额外耗时

一、出行的时间成本

交通拥挤给人们带来的最直接影响就是出行时间的增加。"时间就是金钱",尽管时间不能自行创造价值,但时间是价值的生产和实现必备要素,因此,时间具有使用价值,能够用货币进行衡量。个人为了达到一定的出行目的所耗费的时间价值即出行的时间成本,为出行时间与单位出行时间成本的乘积:$C = T \cdot c$。由于各人的年龄、收入情况、出行目的、出行方式和交通条件不同,其出行时间的成本也有所不同。

就收入而言,一般来说,高收入者单位时间的产出较高,即时间对其使用价值较高,反之则反是。而在通常情况下,由于工作目的或计划工作期间出行的时间价值要高于非工作目的或非工作期间的相应价值。但是在一些特殊情况下,某些非工作出行,如遇到交通事故等紧急情况需要就医,其时间价值就远远高于一般工作出行的时间价值。

理论界一般用工资的比例来表示时间成本。Waters 对加拿大英属哥伦比亚地区的研究得出出行时间的估计如表 5 - 1 所示。

表 5 - 1 出行时间价值示例

	单位出行时间价值
商务车司机	单位工资 + 额外福利
私人汽车司机	50% 现行平均单位工资
成年乘客	35% 现行平均单位工资
16 岁以下乘客	25% 现行平均单位工资

资料来源:Waters, W. 'The Value of Time Savings for the Economic Evaluation of Highway Investments in British Columbia' British Columbia Ministry of Transportation and Highways, March 1992.

Waters 之前，Bruzeliuz 认为工作出行的单位时间成本为单位工资的 20%—30%；而 Bruzeliuz 之前的 Lisco 和 Lave 给出的比例高出不少：在洛杉矶，该比例为 42%。Thomas 基于对每小时时间价值及美国 6 个城市一般收入的估算，认为工作出行的单位时间成本为单位工资的 61%。在英国，一系列类似的研究认为：单位时间成本为单位工资水平的 22%—50%（对最高收入人群）到 108%（对最低收入人群）之间。而 Hensher 对澳大利亚的研究认为：出行时间的单位成本仅为总的工资水平的 28%。

美国交通经济学家 Small 总结了十多年来各国的相关研究，认为以工作为目的的合理的单位出行成本估值约为工资总水平的 50%，但由于地区和人口的差异，具体比例从 20% 到 100% 不等。可见，各方面的差异对计算结果影响重大，因此实际计量过程中应充分考虑当地的具体情况。

二、拥挤的形成机制

（一）交通拥挤产生的机理

根据本书的研究重点，Goodwin 的定义可借鉴为本书拥挤的含义：交通系统使用接近容量时，由于速度—流量关系（见图 5-1）导致车辆之间相互的阻碍。本书以此为基础研究其社会成本—实际出行时间与在畅通情况下的出行时间差值的货币化成本。可见，花费更多的出行时间是拥挤的必然结果。因此，本书对 Goodwin 的定义略作扩充：由于速度—流量关系导致车辆之间相互的阻碍，从而降低速度，导致花费更多时间的交通状况。

Lindly 通过一系列理论和实证，在基于畅通速度为 55 英里每小时假设下认为：当交通流量达到道路容量的 77% 的时候，便开始产生拥挤，结果即为滞慢。而美国联邦高速公路管理局设定的界限为流量/容量比为 80%。

滞慢的程度可用下式表达：

$$T' = T - \frac{L}{V} \qquad (5-1)$$

其中，T' 为滞慢时间，T 为实际出行时间，L 为出行总里程，V 为在完全畅通情况下的平均速度。如果选定一条路况恒定、无限延伸的道路,考虑一段时间内沿该车道行驶的车流量,那么车速 V 与流量 Q 的关系将如图 5-1 所示。

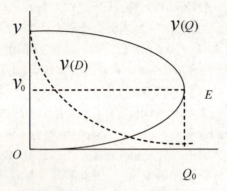

图 5-1 交通的速度—流量关系

如图,速度 V 和道路的密度 $V(D)$ 总是成反比;相对于取决于进入该道路的车辆数和车速的流量 Q 来说,在交通流量较低时,车辆可高速行驶,速度只受法定速度限制的约束。但是随着驶入该道路的车辆增多,密度持续增加,车辆之间相互作用,彼此都放慢速度。但在 E 点之前,由于增加的车辆数的作用超过了平均车速的降低,流量持续增加,这是正常的车流情况。在 E 点,增加的车辆不能再抵消降低的车速,道路达到最大流量,即道路的容量。实际情况中,由于没有充分的信息,驾车者将继续试图驶入,引起车速进一步下降,结果令速度—流量关系曲线折回。OE 曲线段比起 VE 曲线段,车辆速度、流量同时下降,实际道路拥挤开始对整个道路交通系统产生明显负面的影响。

Vickery 从经济分析角度将交通拥挤状况分为 6 类:简单相互作用(simple interaction)、多重相互作用(multiple interaction)、瓶颈效应(bottleneck)、连带触发作用(triggerneck)、交通网络与控制作用(network and control)及总体密度影响(general density)。简单相互作用指两个交通工具相互靠近以至于其中一个必须放慢速度以避免相撞。这种拥挤的形成主要产生于负荷较轻的交通环境中,拥挤总量与交通量的平方成正相关关系,驾驶者对他人造成的拥挤与他自身承受的拥挤大致相同。多重相互作用通常产生于较高交通密度、而车流量又未达到饱和的情况下,多个交通工具相互影响,平均速度是车流量的函数,两者成负相关。瓶颈效应发生在某段道路容量相对于交通需求明显小于前后路段的情况下。在交通量低于该路段(瓶颈)容量的情况下,一般不会出现拥挤,但当交通量持续超过该处容量时将产生拥挤,直到交通需求下降,或拥挤造成的时间消耗预期令部分交通需求改变时间或线路,甚至取消出行。连带触发作用从瓶颈情况发展而来,由于瓶颈处的拥堵造成的车流停滞影响到需要使用其他交通设施的交通量,从而进一步增加了拥挤程度,最终令交通完全停滞。交通网络与控制拥挤作用听起来有些令人费解,事实上,为应付高峰时期交通量的各种形式的交通监管在非高峰时期可能对车流的通畅起到一定的阻碍作用。如各种形式的监管、停车标识、取道限制、信号灯等限制措施的使用没有弹性,不能根据不同的拥挤状况进行调整,因此相关的交通网络和控制系统也会造成车流不畅,形成一定的拥挤。最后,一个地区的拥挤水平是该地区交通总体密度的函数,两者成正相关关系。

Vickery 指出:这 6 类拥挤情况中,瓶颈效应是绝大多数严重拥挤的重要原因,对整个拥挤问题的研究具有重要的意义。根据 Vickery 的理念,Arnott 等通过图 5-2 反映了瓶颈状况下的交通流量:

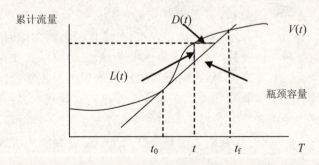

图 5-2　瓶颈效应下交通流量情况

图中，$V(t)$为t时刻的累积流量；t_0为由于瓶颈效应开始产生车辆排队现象的时刻；t_f为排队结束的时刻；$L(t)$为t时刻排队的长度；$D(t)$为t时刻开始车辆排队的持续时间。实际的交通设施由于设计、建造条件和交通流量的变化难免会产生瓶颈效应，导致高峰时期车辆拥挤排队，耗费大量时间。

（二）交通拥挤产生的社会与经济原因

现代城市经济学中，认为交通拥挤是城市发展的必然结果。在发展初期，市中心区的繁荣会促进经济发展与土地开发，从而使城市吸引力增加，交通改善，可达性提高，进而使城市规模逐步扩大。而城市半径越大，交通出行距离就越长，交通负荷压力也越大。而且，越接近市区，交通密度越大，从而提出对交通设施的更高要求。然而，随着交通设施改善带来的可达性的提高，又吸引人们对该地区在人力与物力方面的继续投入，从而形成一个循环过程[①]。但是，当城市交通设施达到一定饱和度之后，该地区所吸引的大量交通量会导致拥挤现象。可见，在市场化的条件下，由于城市开发、交通需求相对于交通设施改善的无限性，交通拥挤必然发生。而且难以通过市场自身的力量来自行调节缓解。

除了从上述宏观角度对交通拥堵产生的必然性的解读之外，从微观经济角度对私人出行者的行为选择的动机分析也有力地诠释了交通拥堵产生的原因：

根据上一章的分析，城市道路交通设施一般属于公共产品，因此，当人们从私人利己的动机出发，自由利用该公共资源的时候，便产生了对非排斥性公共产品的竞争性争夺，最终导致任何使用者的效用都下降。具体来说，私人出行仅根据私人成本与收益的比较来进行决策。但事实上私人边际成本要低于社会边际成本，后者还包括了对其他使用者产生的拥挤与对整个社会造成的环境污染、交通事故等等，而私人的收益则大于整个社会的收益。当使用者没有被

---

① 见张毅媚、晏克非《城市交通拥挤机理的经济解析》，《同济大学学报》（自然科学版）2006年第3期。

要求承担其全部成本的时候,实际的需求便大于社会最优水平的需求,人们便纷纷购买小汽车或增加出行的数量,从而导致更加严重的拥挤。

三、拥挤的经济成本

（一）拥挤经济成本的理论与实证研究

通常情况下,对于拥挤的经济成本的分析如图5－3所示。

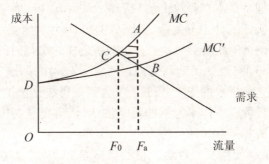

图5－3　拥挤造成的社会福利损失

图中,最优流量是边际社会成本 MC 和需求相等处所对应的 F_0,但由于出行者并不考虑其施加于他人的拥挤,最终的结果是:流量达到了边际私人成本 MC' 和需求相等处所对应的更大的 F_a 值。从社会整体福利的角度来看,F_a 偏离了福利最大化,因为第 F_a 个驾车者只享有 F_aB 的利益,但其施加给社会的成本是 F_aA。可见,F_a 点上,社会总体福利损失为阴影 ABC 部分。当然,在最优交通流量 F_0 上,也存在拥挤成本,但由于需求较大,全体公路使用者获得的收益可将该成本抵消,在 F_0 到达前收益还大于成本。此外,根据 MC 与 MC' 两条曲线的相对位置,边际社会成本与边际私人成本之间的差异呈递增关系,即,随着流量的增加,拥挤成本呈加速上升趋势。

从 Newbery 道路使用社会成本的模型中,可引申出车辆拥挤边际社会成本的计算模型。设每辆汽车出行的单位时间拥挤成本为:

$$c = a + b/v + dv^2 \qquad (5-2)$$

其中,c 为车辆每行驶一小时,驾驶员和乘客的时间成本,那么 q

辆汽车的总时间成本为：

$$C = cq \tag{5-3}$$

此时，新增车辆将增加的总时间成本为：

$$dC/dq = d(cq)/dq = c + q(dc/dq) \tag{5-4}$$

式 5-4 中，第一项 c 是每辆汽车自己承担的内部成本，而第二项为新增车辆给其他车辆造成的额外成本，即外部成本。

虽然拥挤成本在理论上比较容易分析和理解，但对与拥挤相关的成本的实证统计十分复杂。从 19 世纪 80 年代开始，一些汽车化程度较高的国家纷纷尝试研究计量拥挤造成的出行时间损失的货币价值。1988 年，英国工业联盟通过对部分公司的调研，估计交通拥挤给它们业务带来的损失，以其答复为基础再按比例扩大，对拥挤造成的时间耗费成本作了定期的粗略估计，认为交通拥挤给商业带来的成本约为每年 150 亿英镑。

Newbery 使用了一种更严格的计算方法——考察车流中每增加一辆汽车所造成其他车辆出行时间损失，然后对机会成本进行估算，最后对相关的机会成本进行加总给出英国每年拥挤的成本，并估计了不同类型公路的边际拥挤成本的价值。他测算：1989—1990 年，英国交通拥挤的估计成本为 127.5 亿英镑，略小于英国工业联盟（1988）的估算值。

Hanks 和 Lomax 尝试运用交通建模技术，为美国 39 个城市地区估算 1982 年至 1988 年之间交通拥挤的货币价值，其中最高的是洛杉矶，为每年 52.4 亿美元，最低的明尼阿波利斯—圣保罗市为每年 2.9 亿美元。Hanks 和 Lomax（1990）还对每辆汽车的平均拥挤成本进行估算，其中最高的华盛顿市达到每辆 920 美元。这里需要指出的是，Hanks 和 Lomax 的估算结果包括了两个部分：出行时间成本和多耗费的燃料成本。本章研究的是其中的前者——出行时间成本。

Matsuzawa 设计了一种计算拥挤成本的方法，采用"实际出行时间"与"无交通流量状况时所需的参照时间"之比的定义，并利用大阪的数据进行了实证的计量，得出拥挤成本为 2.5 亿—10 亿日元/天。

根据欧共体委员会的环境绿皮书(1992 年),拥挤成本在英国为 100 亿—150 亿英镑/年(折合 125 亿—190 亿欧元),这与英国工业联盟和 Newbery 的测算结果均一致;在荷兰,拥挤成本为 10 亿荷兰盾/年(折合 5 亿欧元)。

(二) 私人小汽车造成他人拥挤的经济成本——拥挤的外部成本

特定车辆造成交通拥挤的外部性研究早在一个多世纪前就已经开始了,本书试将其分为 4 个阶段。前 3 个阶段与 Newbery 的分类比较类似:第一阶段的 Ellet,Dupuit、Pigou 和 Kight 对拥挤和不拥挤道路的投资和最优定价进行了理论研究。Walters 对拥挤外部性定量分析的尝试标志着第二阶级的开始,他根据新增交通的边际社会成本尝试研究拥挤道路的最优定价问题,这方面的研究需要相关交通工程学的工具和方法。Walters 首先提出:城市道路的拥挤成本相当高。这引起当时各界的关注,其后出现了大量的相关研究。第三阶段的研究重点在最佳道路投资方面,即令交通需求与道路供给在经济上达到最优的平衡关系。交通拥挤外部性研究的第四阶段为前文所述 20 世纪 80 年代起对交通拥挤成本的计量,该实证研究与先前的一系列理论探索为研究与计量相关外部成本奠定了理论与实证的基础。

未购车者在城市的出行,尤其是较长距离的出行,主要依靠城市公共交通运输服务。随着私人小汽车拥有量的不断上升及更多的潜在购买的发生,未购车者出行的成本在增加。这主要是由于以下两个原因:一方面,公共运输业为"密集型经济形式",私人小汽车拥有量的增加分流了公共运输的消费者,虽然有政府的扶持与补贴,但难免在一定程度上对其价格和服务质量产生负面的影响(Glaister 等,1990)。另一方面,私人小汽车的快速增加提高了道路的拥挤程度。如上一章所述,私人小汽车与公共客运车辆为城市道路的两大使用主体,对于数量相对稳定的公共运输车辆和其他车辆来说,其对道路拥挤的影响也是稳定的。但私人小汽车数量的不断增加造成了拥挤的恶化,这一恶化的后果不但为其本人所承担,也"强行"施加于公共客运车在内的其他车辆,令相对多数人的利益受损,而相对受益的仅仅是少数私车使用者。这里分析的第二个方面便是本章所述的私人小汽车的拥挤社会成本。

第二节　交通拥挤①社会成本的理论分析——相关事故

　　造成人员伤亡、财产损失的汽车交通事故,是各类技术事故中发生率最高、涉及范围最广、后果最严重的一种。1899 年 8 月的一天,一位名叫利斯科的妇人与家人在伦敦海德公园的水晶宫游览路线上游玩时,被一辆疾驶而来的汽车撞倒殒命,成为历史上第一位车祸牺牲者,自此拉开了车祸悲剧的帷幕。而这出悲剧一经开演就再也没有收场,并且有愈演愈烈之势。当前,车祸已成为社会人口非自然死亡及伤残的主要原因之一。在最早汽车化的美国,每年死于车祸的人数达 4 万以上,伤残的人数则多达二百多万。即使在刚刚开始进入轿车社会的发展中国家,随着车辆数目的增加,交通事故也在稳步上升。据世界卫生组织统计,全世界现在每年约有 70 万人死于机动车辆的事故,1 000 万—1 500 万人受伤。这就意味着全世界每 45 秒钟就有一人因车祸死亡,每两秒钟就有一人受伤②。

　　皮埃尔·梅兰提出:交通事故涉及最多的是年轻的司机、老人、步行人及骑自行车的人。Lindberg 也指出,在瑞典,交通事故的受害者中,1/3 是行人、骑自行车或机动脚踏两用车的人。由于其相对机动车的劣势,称为未受保护者。在城市交通中,车祸中未受保护者受害的比例更大,占死亡和严重受伤人数的 54% 。Quinet 认为:较高的未受保护者的车祸伤亡比例反映出现在的交通系统对步行、自行车等出行方式的排斥,导致人们不得不转向汽车方式出行,从而进一步

---

　　①　本节中的交通拥挤与上节不仅指图 5 – 1 中的 OE 阶段,还包括其中的 VE 部分,即交通量增加的情况。

　　②　见王蒲生《车祸泛滥的哲学反思》,《自然辩证法通讯》2001 年第 5 期。

恶化交通问题。

本节就汽车交通事故与交通拥挤的联系及前者的社会成本进行理论与实践上的分析与研究。需要说明的是,本文研究的事故不包括运输有害物质发生的泄漏等危害以及由于事故引起的拥挤。

Peirson 将道路交通事故外部成本的研究划分为 3 个阶段,明晰了相关理论和实证发展的脉络,为学术界广泛认可。这 3 个阶段分别是:事故与交通量的关系、事故外部成本所涵盖的各种要素、计算各类事故外部成本。下文将围绕这 3 个阶段进行分析。

一、拥挤与事故的关系

Newbery 认为:道路交通事故的数量与车流量成正比,因此平均事故率 a 与边际事故率 m 相等。但他在 1988 年修改了自己的论点,认为边际事故率是平均事故率的 1.25 倍。这个论点是英国交通部和 Vickery 两者观点的平均值。

Dickerson 等设计了道路交通事故与交通流量的关系模型,通过对伦敦交通分时数据与道路交通记录的统计与计算,验证了事故外部成本[1]的存在。当交通量处于中等至较低的水平时,事故外部成本很低,接近于零,即对事故率几乎不产生影响;但当交通量较高时,外部成本随之上升,即新增车辆令道路系统事故风险上升。由此,Dickerson 等认为:车祸与交通流量之间并不是简单的直线关系。为了进一步解释两者关系,文章中还构建了一个车祸与交通量的关系模型:

假设所有道路使用者、道路网络及其使用均同质,车辆正常范围的行驶流量为 Q,那么,可能发生的两车相撞[2]的事故数量为:

$$\alpha F(F-1)/2 \approx \frac{\alpha}{2} F^2 \tag{5-5}$$

由于式 5-5 是一个二次方程,因此边际事故率与平均事故率不

---

[1]　Dickerson 等文中的事故外部成本,指道路交通新增一辆汽车产生的边际风险与平均风险之差。是以单位车辆为主体的事故外部成本。

[2]　据统计,85% 的事故为两车事故。Dickerson et al. (2000) pp118。

相等,分别为 $m = \alpha F$,$a = \dfrac{\alpha}{2}F$,两者之差便是事故外部成本,用 m/a 来度量,如 $m/a = 2$,说明新增车辆的事故成本完全施加于其他车辆;如 $m/a = 1$[①],则无事故外部成本。而在实际情况中,$1 < m/a < 2$,且在该区间的位置不断变化,一方面取决于即时的交通状况,另一方面,不同道路使用者对其他道路使用者造成的外部成本是不同的,因而还取决于交通模式、驾驶员实际情况等因素。但该模型仅考虑车辆之间的事故,没有包括行人受害的可能性。根据 Newbery 的观点,交通造成的行人事故数与汽车行驶距离成正比。

上述文献中的事故率仅指事故的数量,而没有涵盖事故损失。美国国家高速公路安全管理局(NHTSA,1999)通过对一系列相关文献的理论研究和相关数据的实证研究得出:车速与行人遭受车祸与严重受伤的可能性呈显著的正相关关系。当车辆的时速低于 30km 时,如撞上行人,其中只有 5% 可能死亡,而当时速上升至 45、60、80km 时,死亡率迅速上升至 40%、80% 与 100%。虽然 NHTSA 并没有直接研究拥挤与事故的关系,但显然,车速与拥挤程度是呈负相关关系的。该研究从事故程度与车速关系角度提供了有力的依据。

Quinet 认为:车流量越大,车辆相互碰撞的可能性也越大,但车速随着道路拥挤程度的增加而下降,根据 NHTSA 的观点,这时的事故就越轻。此外,Quinet 还指出:随着车流量的上升,驾驶员会更加谨慎驾驶,从而使车祸产生的几率下降。Quinet 也没有直接研究拥挤与事故的关系,但根据拥挤与车流量的关系,在达到最大流量之前,车流量越大道路自然越拥挤。

引用图 5-1 交通的速度—流量关系更清晰地表述拥挤与事故的关系:

---

① 这种情况下,$N = \alpha F$,即事故数量与流量呈线性正相关关系。

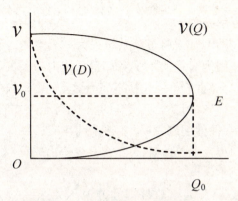

引图 5－1　交通的速度—流量关系

如图,在 vE 曲线段,Q 上升,拥挤程度增加(即 v 下降)。由于 Q 上升,车辆碰撞几率上升,导致事故数量增加。但由于 v 下降,事故造成的损失下降。事故总损失的变化并不确定。而在 EO 曲线段(拥堵情况产生),Q 下降,拥挤程度同样增加(即 v 下降)。由于 Q 下降,车辆碰撞几率下降,导致事故数量减少。同时,由于 v 下降,事故造成的损失下降。因此,事故总损失下降。各个变量的关系可用表 5－2 来归纳:

表 5－2　拥挤程度与事故率的变化关系

	车流量 (Q)	车速 (V)	拥挤程度 (a/v)①	事故数量 .(N)	事故损失 (c)	事故总损失 ($C = Nc$)
VE 段	↑	↓	↑	↑	↓	不确定
EO 段	↓	↓	↑	↓	↓	↓

在城市交通中,虽然经常会出现如 EO 段所示的拥堵状况,但仍以 VE 段的正常通行情况居多。除了 N 与 c 的关系之外,这类情况下的事故总损失的变化还取决于很多其他的因素,如车辆增加后驾驶者主观谨慎程度的变化等。

① 如前文所述,拥挤程度与车速成反比。a 为常数。

二、事故成本构成

Newbery 提出,如果将道路系统视为一个整体的话,其整体的外部成本为零。因为车祸的承受者都是系统内部人员。对此,本文并不认可,因为交通事故不但包括车祸承受者的财产损失与身体伤害,还涉及生产力损失、相关社会资源的利用,甚至亲友的心理伤害等要素,是一个社会性的问题,并不能够单纯在交通系统中消化。因而,政府相关部门出台了各种措施,试图减少车祸的发生,从而减少社会承担的外部成本。

Elvik 将道路交通事故外部性分为 3 类:第一类是系统外部性(system externalities),指事故造成的伤亡成本,包括紧急救援、医疗服务、生产力损失、相关人员心理的悲痛等。这里,Elvik 的观点也与 Newbery 上述的"系统内部化"的观点不一致,亦是本文坚持的观点;第二类是物理伤害外部性(physical injury externalities),指从物理角度来看较大型的车对比之车型小的车造成的事故成本,因为在这种事故情况下,小型车受到的损失相对较大;第三类是交通量外部性(traffic volume externalities),亦如前文所述,指新增交通量导致的边际风险的变化,可能为负值也可能为正值。一般来说,事故造成的损失可以分为 3 种:直接财产损失、人员伤亡损失与其他,如误工损失、伤员及受害者家属精神损失等。本书通过对相关文献与资料的分析与总结,将事故损失分为直接损失与间接损失两大类,每一类下都有各小类详尽的说明,尝试对相关损失进行归纳(见表 5 - 3)。

表 5 - 3　主要道路交通事故成本

	死者补偿费用(生命成本)
直接成本	伤者医疗、康复费用
	遭受车祸者的心理伤害
	财产损失(车辆、相关设施等)
	伤亡者公司效率损失(生产力损失)
间接成本	有关部门对车祸的认定、处理费用
	遭受车祸者亲友的心理伤害
	死者丧失的未来的消费(视计算方法而定)

其中,生产力损失、亲友的心理伤害与消费的减少(视计算方法而定)这三类间接成本属于外部成本,由社会承担,直接成本中的救助与医疗费用也有社会的补贴;其余为私人成本。Persson 等对数个欧洲国家的车祸成本与成本分担的研究认为:生命的价值平均为110万美元,其中的 2/3 是外部成本。Zegras 在对智利圣地亚哥交通外部成本的实证研究中,认为在车祸中,私人承担的成本约占总成本的50%,具体车型统计如下表 5 - 4 所示。美国的研究数据也体现了50% 以上的外部成本。

表 5 - 4　每乘客公里(Per - Passenger - Kilometer Traveled, PKT)的车祸成本(部分)

	私人成本(美元)	外部(社会)成本(美元)	总成本(美元)
(社会)小汽车	0.009	0.009	0.018
公共汽车	0.001	0.001	0.002
出租车	0.003	0.003	0.006
自行车	0.006	0.008	0.014
行　人	0.009	0.016	0.025

资料来源:Zegras, Christopher' An Analysis of the Full Costs and Impacts of Transportation in Santiago De Chile' The International Institute for Energy Conservation 1997。

表 5 - 4 中,除了行人之外,其余客运方式的私人成本与外部成本大小基本相同。总的来说,交通事故的外部成本占总成本的 50%略多。

三、事故的经济成本

在事故损失中,财产损失相对容易确定。至于人员伤亡的相关损失,由于涉及面较广,有些方面的界定较为主观,因此对其计算方法在理论和实践中存在着不同的观点,得出的结论差异也很大。

其中,对于生命价值(可扩展到伤亡)的确定,有两种比较常用的方法:传统的人力资本法(human capital)与近年来较流行的支付意愿法(willingness-to-pay)。人力资本法通过计算死亡(或伤亡)造成的生产力损失来反映生命的价值,而支付意愿法通过考察人们为了避免伤亡愿意支付的金额来计算生命的价值。

　　对于包括生命价值在内的事故成本,各国有关部门与经济学家们进行了一系列的实证研究。美国国家高速公路安全管理局(NHTSA)对事故成本首次进行了相对全面科学的计算,得出美国1980年交通事故成本为572亿美元,其中210亿为财产损失,142亿为死亡造成的生产力损失,138亿为管理成本。NHTSA使用的是人力资本法,其中,生命价值合到34.4万美元。而一些同时期使用支付意愿法的研究计算出的生命价值则高达300万美元以上。

　　Jones-Lee等受英国交通部委托,于1982年在英格兰、苏格兰和威尔士的93个地区进行了1 150次采访,尝试使用支付意愿法度量交通安全的价值。这是学术与实务部门对此首次进行如此大规模的科学调研。通过对采访结果的一系列评估、汇总与分析,该研究认为:在考虑了个人与亲友的心理因素之后,英国的生命价值约为200万英镑。

　　由此可见,人力资本法与支付意愿法代表了不同理念与思维的方法计算出的结果相差巨大。而在具体计算过程中,这两种方法各自还有多种分类。

　　人力资本法分为两种:净生产力法与总生产力法。前者不考虑由于死亡而丧失的未来消费,后者则将丧失的未来消费折算入损失,这也是表5－3所依据的方法之一。人力资本法在实际计算过程中可能会出现以下一些问题:首先,死者的长期生产力水平以及计算使用的折算率存在一定的不确定性,而最终的结果对这两个要素是十分敏感的;其次,人力资本法没有考虑死者亲友的悲伤以及伤者的痛苦;第三,失业者及领取救济金的人由于暂时不创造生产力,因此在人力资本法的计算中,价值为零,这是不符合长期情况的。

　　支付意愿法在一定程度上解决了上述问题。该法也分两种:显示偏好法(revealed preference)与既定偏好法(contingent valuation)。前者通过现实情况,如通过高风险工作的额外薪金支付可估量对生命的赋值;后者通过采访或问卷等方式询问人们为避免车祸伤亡而愿意支付的金额,从而对生命价值进行估量。通过这些途径,支付意愿法能够涵盖类似痛苦、悲伤等主观感受。但由于个人认知的限制,各研究实际得出的结果相差很大,其科学性也有待考量。

表5-5体现了不同方法得出结果的差异:

表5-5　生命价值的官方数字

国　　家	成本(1 000 欧元,1989)	其中市场成本	方　　法
德国	630	630	总生产成本和损失
芬兰	1 600	540	支付意愿
英国	890	265	支付意愿
荷兰	85	85	净生产成本和损失
挪威	340	340	总生产成本和损失
瑞典	1 070	130	支付意愿
美国	2 350	495	支付意愿
美国	441	441	总生产成本和损失

资料来源:欧洲运输部长联合会,经济合作与发展组织《交通社会成本的内部化》,中国环境科学出版社 1996.9,第 38 页。

综上,人力资本法从财务损失角度出发,计算的是"市场成本",而支付意愿法还体现了"非市场成本"。因此,一般来说,支付意愿法得出的结果大于人力资本法的结果,前者得出的生命价值通常是后者的5—10倍,受伤成本也高得多。后者中,总生产力法的结果大于净生产力法。

第三节　私人小汽车拥挤社会成本实证研究——以上海市为例

一、拥挤社会成本实证研究——额外耗时

(一)道路拥挤情况

近年来,我国城市交通普遍面临拥堵困境。零点研究咨询集团的中国城市畅行指数报告对 25 个省会城市和直辖市的交通情况进行的评估显示:所调查的城市畅行程度均未达及格线,其中上海市处于中游水平。

根据上海市第四次综合交通调查,2009 年,上海中心城道路面积较 2004 年增长了大约 25% ,汽车注册量和交通量则呈现更快的增长,汽车注册量较 2004 年增长了近一倍(达到 171 万辆),产生的道路交通量增长了 55% 。可见,全市交通供需矛盾趋向恶化,这必然导致拥挤程度的进一步提高。

此外,全市汽车日均出行量较 2004 年增长 68% ,其中客车出行所产生的道路交通量较 2004 年增长了近一倍,给城市交通形成了非常大的压力。小汽车使用强度处于较高水平。因此可以推断:上海近年来拥挤的加剧很大程度上是由于私人小汽车消费的增加所致。而正如上文分析的,随着流量的增加,拥挤成本呈加速上升趋势。

目前,上海市高峰时段中心城主要交叉口拥堵的比例为 44% ,其余主要交叉口也绝大部分处于较拥堵的状态。中心城快速路与内环内主干道普遍处于拥堵状态。内环内主干道在上下班高峰时段的平均行程车速分别仅为 16km/h 和 15km/h 。根据综合交通调查,中心城居民上下班平均花费的时间由 2004 年 41.4min 延长到 2009 年的 43.2min。

(二) 拥挤社会成本实证研究

1. 实证研究方法与选择

目前,有影响力的拥挤外部成本研究均在发达国家和地区,在上节已有综述。这些文献中对出行者出行时间价值的研究,主要采用了两种方法:机会成本法和支付意愿法。机会成本法以出行者收入为基准进行计算。支付意愿法通过对旅客的抽样调查或通过旅客对不同交通运输方式进行选择这种市场行为揭示消费者的偏好,通过回归分析和参数估计也得出时间价值。

这两种方法各有利弊,机会成本法计算简单、操作性强,但是有 3个问题:首先,确定节约时间用于工作的概率存在一定的困难;其次,不同层次(经济、文化等背景)的人们在对闲暇的需求和理解方面存在很大差异也为闲暇时间价值的确定带来很大困难;第三,没有将旅行时间延长给旅客带来的精神上的痛苦(例如疲劳、烦躁等)等无形损失包括在内,容易导致结果偏低。

从理论上讲，支付意愿法能够较好地解决这些问题，它综合考虑了旅行时间的节省给旅客带来的各种收益，例如机会成本的降低、其他旅行费用的减少、舒适程度的提高等等，是一个相对综合的方法。但是在实际操作中，支付意愿法涉及建立模型、回归分析和参数估计等，对影响因素的选取、旅客偏好的调查方法等提出了较高的要求，影响因素的选取以及各种处理方法的得当与否，直接影响到研究结果的准确性与科学性。

综合考虑操作性与科学性，本文选取机会成本法尝试对私人小汽车在上海造成的拥挤外部成本进行实证研究，并对研究过程中的相关问题作出必要的选择与说明。

2. 实证研究对象与说明

私人小汽车这种交通方式相比轨道交通、公交车等公共交通方式，客运效率十分低下。其客运量的分担率远远低于其占用交通量的比例。近年来数量快速上升的私人小汽车令社会边际成本加速上升，因此，是造成目前上海道路数量不断增加但交通拥挤情况仍不断恶化的重要因素。

调研将客运种类分为社会客车、出租车、公交车等 6 类。其中，轨道交通独立于道路交通；非机动车与机动车一般来说使用不同的车道，因此机动车的拥挤对其基本没有影响；摩托车同样具有较大的灵活性，受拥挤的影响这里也可忽略。因此，本文仅就上海市私人小汽车对客运公交与出租车造成的额外的拥挤的时间损失进行实证研究，即私人小汽车拥挤外部成本。

本文综合多方因素，只考虑上海市客运交通情况。这首先是由于相关统计数据所限，只能得到道路资源对客运车辆的配置情况；其次，上海市的交通主要是客运交通。此外，货车的出行时间分布相对客车的出行时间而言比较均匀，对高峰时期的拥堵的贡献率相对较小。基于以上 3 点原因，选择客运交通具有一定的实践基础。

3. 实证研究公式与具体计算

用机会成本计算拥挤成本的文献中，多用如下公式，用文字表

示为:

（实际花费时间－通畅情况下花费时间）×交通量×时间价值

＝总交通滞慢×时间价值

＝拥挤的经济成本 (5－6)

上海市综合交通规划研究所的《2006年上海市中心城区交通运行状况评估分析》直接提供了式中"总交通滞慢"的数据:"无论公交还是出租车、小客车,早、晚高峰通勤交通过程中平均滞留或排队时间都在20分钟左右,年人均堵车时间达75—80小时"。根据上文,近年来交通供需矛盾趋向恶化,道路拥挤程度进一步提高,中心城居民上下班平均花费的时间由2004年41.4min延长到2009年的43.2min①。2009年以中心城常住人口976万人、年人均堵车时间取2006年的估计量上限80小时计,"总交通滞慢"为7.808亿小时/年。

其次,是公式中时间价值的确定。如上文所述,时间价值根据个人的收入、出行目的的不同而异,以下分别分析:

不同年龄阶段的人的收入和出行目的也不同,因此,年龄分布是分析个人时间价值的基础。上海市2009年的户籍人口年龄②分布如下表:

表5－6　上海市户籍人口年龄构成(2009)　　单位:万人

合　计	17岁及以下	18—34岁	35—59岁	60岁及以上
1 400.70	146.11	337.12	601.76	315.70

资料来源:2010上海统计年鉴

本书根据统计年鉴将出行人口分为三类:17岁及以下,这类人口基本上还没有工作;18—59岁,这类人口基本处于工作阶段;60岁及以上,这类人口基本已经离退休。

---

① 由于统计数据所限,无法得知这部分时间在拥堵滞慢和出行里程增加中具体如何分配。因此下文的总交通滞慢时间估计采取保守的方法,仅取2006年官方统计值的上限。

② 由于流动人口中处于工作阶段的人口比例较大,因此常住人口中,处于工作阶段的人口比例应大于本文计算的比例,因此实际的外部成本大于本文计算结果。

其中,60 岁及以上人口基本已经离退休,因此出行强度大大下降。根据 2004 年的上海市第三次大调查结果,老年人的日出行量中,步行方式占据绝对比重,达到 77%,公交方式仅占 10%(包括轨道交通方式和地面公交方式),占全市公交客运总量的 4%。即使近年来实施的 70 岁以上老人乘坐公共交通免费政策令老人出行的公交方式占比大幅上升,但由于政策对免费时段的限制,老年人一般选择错开高峰乘坐公交。由此,本文认为:老年人受交通拥挤外部性的影响较小,因此其滞慢时间在此忽略不计,将"总交通滞慢"分配到 17 岁及以下与 18—59 岁这两类人口,仅考虑他们的时间价值。

关于出行目的对出行时间价值的影响,对于 18—59 岁的人口,本文将其出行分为工作出行与非工作出行。一般文献认为,以工作为目的的合理出行成本估值约为工资总水平的 50%,非工作出行成本则相对更低。

关于收入的确定,通常以平均工资的一定比例来计算。这方面我国与文献中的西方国家的工资计算有所差异。在西方国家,一般所指的工资要在扣除各类保险费用和税收后才是实际可支配的工资,而在我国,由于不同的财务处理方法和观念,尽管名义工资较低,但如果考虑其实际收入的各种奖金、补贴和福利等,实际可支配工资可能达到名义工资的两倍以上。因此,采用同样的平均工资比例作为工作时间的时间价值并不完全合理。本文考虑到一般文献中工作为目的的合理出行成本估值约为工资总水平的 50%,并结合我国实际工资与名义工资的关系,取出行成本的估值为工资总水平的 100%[①]。

由于 17 岁及以下与 18—59 岁这两类人不同的生产力,其时间价值也不同。目前国内缺乏相应的研究,本文参考 Waters 对加拿大英属哥伦比亚地区出行时间价值中两者的比例:

---

① 此外,由于上海目前处于经济快速发展时期,若以收入最大化原则考量居民的工作时间选择,则非工作出行成本与工作出行成本之比相对较大。

表 5 – 7　出行时间价值示例

乘客分类	单位出行时间价值
成年乘客	35% 现行平均单位工资
16 岁以下乘客	25% 现行平均单位工资

资料来源：Waters，W. 'The Value of Time Savings for the Economic Evaluation of Highway Investments in British Columbia' British Columbia Ministry of Transportation and Highways，March 1992

至此，时间价值的各分解要素均已确定，具体表述为：

17 岁及以下人口占 0—59 岁人口比例 × 每小时工资① × 25%

+18—59 岁人口占 0—59 岁人口比例 × 每小时工资 × 100%

= 上海市出行时间综合价值　　　　　　　　　　　　（5 – 7）

经计算，上海市出行时间综合价值为 19.23 元/h。

结合"总交通滞慢"——7.808 亿小时/年，得出上海市拥挤的经济成本为 150.15 亿元/年。如果从交通系统动态的角度考虑，这一经济成本主要为迅速增加的私人小汽车引致，并为所有车辆共同承担。根据各类客车出行特征相同的假设，以及上一章的实证研究数据：上海市私人小汽车的交通量占总交通量的 22.98%。那么，私人小汽车承担了其中的 34.50 亿元，其余的 115.65 亿元则为外部成本②。

二、拥挤外部成本实证研究——相关事故

与其他国家相比，我国的交通事故情况令人担忧，世界银行的数据表明：2000 年，全球每年因道路交通事故死亡的人数为 117 万，我国占其中的 8%，而当年，我国机动车数量仅占全球机动车总数的

---

①　上海市 2009 年职工平均工资为 42 789 元。根据劳动和社会保障部《关于职工全年月平均工作时间和工资折算问题的通知》，年工作日：365 天 – 104 天（休息日）– 11 天（法定节假日）= 250 天，工作小时数的计算：以年的工作日乘以每日的 8 小时。折算为每小时工资为 21.394 5 元。

②　交通拥挤是各类车辆特殊情况下相互作用的结果，但本文由于数据所限，根据实际交通系统情况，假设由私人小汽车保有量快速增加引起。因此所得外部成本偏大。

2%。此外,据统计,交通事故主要发生于大中城市。2000 年,我国
1/3 以上的交通事故发生于 36 个主要城市。这些事故所造成的死亡
和受伤人数分别占全国总数的 21.82% 和 26.13%,而这 36 个城市
的人口仅为全国人口的 17.21%①。可见,包括上海市在内的中国大
中城市的交通事故率不容忽视。

　　由于在数据与技术上无法进行相应的分离,本书通过对私人小
汽车肇事成本的实证分析尝试在一定程度上反映与拥挤相关的事故
外部成本。

（一）上海市交通事故情况

表 5 - 8　2009 年上海市一般以上交通事故②情况

次数(次)	死亡人数(人)	受伤人数(人)	直接财产损失(万元)
2 831	1 042	2 702	1 217

资料来源:《2010 上海市综合交通年度报告》;上海市公安局交警总队《2009 年上海道
路交通事故简述》,交通与运输 2010.1

　　根据交警总队的数据,2009 年,客车共肇事 1 063 起,占机动
车肇事事故总数的 51.80%;货车共肇事 581 起,占机动车肇事
事故总数的 28.31%;其余主要为摩托车、助动车与非机动车,约
为 19%。可见,城市的交通事故中,载客汽车占绝对的多数。下
表对车辆的使用性质作了进一步的细分,从中可以得到私用载客
汽车的肇事情况。

---

①　见邓欣、黄有光《中国道路交通外部成本估计》,《重庆大学学报》(社会科学版)
2008 年第 14 期。

②　根据《公安部关于修订道路交通事故等级划分标准的通知》:道路交通事故分为
以下四类:轻微事故,是指一次造成轻伤 1 至 2 人,或者财产损失机动车事故不足 1 000 元,
非机动车事故不足 200 元的事故。一般事故,是指一次造成重伤 1 至 2 人,或者轻伤 3 人
以上,或者财产损失不足 3 万元的事故。重大事故,是指一次造成死亡 1 至 2 人,或者重伤
3 人以上 10 人以下,或者财产损失 3 万元以上不足 6 万元的事故。特大事故,是指一次造
成死亡 3 人以上,或者重伤 11 人以上,或者死亡 1 人,同时重伤 8 人以上,或者死亡 2 人,
同时重伤 5 人以上,或者财产损失 6 万元以上的事故。

表 5-9　主要肇事车辆使用性质情况

车辆使用性质	公交客运	出租客运	货运	企事业单位	私用
事故次数	84	133	416	144	1 021
死亡人数	28	21	263	43	353
受伤人数	99	165	312	149	1 057

资料来源：上海市公安局交警总队《2009 年上海道路交通事故简述》，交通与运输 2010.1

由上表可知：2009 年，私人客车肇事 1 021 起，是上海市的道路交通事故的主要肇事车辆。上表中的上海全市涉及私人小汽车的道路交通事故的数量与相关损失，为下一步的计算提供了基础数据①。

（二）上海市交通事故外部成本实证研究

本文将交通事故成本表述为下式：

$$C = C_1 + C_2 + V_{SL} \cdot N \tag{5-8}$$

式中，C_1——直接财产损失，

C_2——受伤人员相关成本，

V_{SL}——生命价值（Value of Statistical Life），

N——死亡人数。

对于上海的测算来说，式中 C_1 与 N 的数据从上表可直接获得，但对于 C_2 的统计，我国对道路交通事故统计中的受伤人数缺乏相应客观、权威的数据，也无法得到事故受伤人员的伤害情况与伤害程度，因此不能够准确地计算出受伤的损失。对此，本文暂不将其计算入成本，只作文字描述。下文将对中国的 V_{SL} 进行测算。

目前，还没有普遍接受与认可的方法来对我国的生命价值进行测算。我国有些企业自进行安全评价，从事故的严重性角度对经济损失和人员伤亡所作的评分定级可视为一种评价："财产损失 10 万元视同死亡一人，损失 3.3 万元视同重伤一人，损失 0.1 万元视同轻

---

① 私人小汽车数量占私人汽车数量的 95% 以上，因此这里将其视为私人小汽车的事故情况统计。此外，假设个人直接财产损失在各事故中平均分配。因私人小汽车事故数量较大，总量相对接近实际情况。

伤一人。"我国部分省市确定最高赔偿额为 8 万元,以死亡赔付为最高[①]。世界银行 1997 年根据工资比例折合生命价值推算出中国人的生命价值为——城市人口 6 万美元,农村人口 3.18 万美元。但是对照上文的成本核算范围,从相比人力资本法更科学的支付意愿法的测算角度来看,该计算并不全面,因而可以认为该数字偏低。

　　Miller 通过研究各国生命价值与人均 GDP 的关系,他认为:生命价值至少是人均国内生产总值的 120 倍。本书将该系数称为"生命价值乘数"。据此,Miller 对包括中国在内的部分发展中国家及地区的生命价值进行了推算,结果如表 5 – 10 所示。

表 5 – 10　1997 年部分国家及地区人均 GDP 与生命价值关系(部分)
(以 1995 年美元汇率调整)

国家或地区	人均 GDP(美元)	生命价值(最优测算值) (千美元)	生命价值乘数: 生命价值(美元)/人均 GDP(美元)
世　界	4 608	650	141
北美洲	16 435	2 190	133
欧　盟	20 714	2 730	132
澳大利亚	20 316	2 680	132
丹　麦	30 834	3 990	129
法　国	22 795	2 990	131
日　本	36 399	4 680	128
韩国(1997)	10 063	1 370	136
韩国(1985)	2 630	380	144
瑞　典	24 670	3 230	131
瑞　士	34 397	4 430	129
中国台湾(1997)	12 457	1 680	135
中国台湾(1985)	5 901	820	139

---

　　① 见王玉怀、李祥仪《煤矿事故中生命价值经济评价探讨》,《中国安全科学学报》2004 年第 8 期。

（续表）

国家或地区	人均 GDP（美元）	生命价值（最优测算值）（千美元）	生命价值乘数：生命价值（美元）/人均 GDP（美元）
英 国	20 831	2 750	132
对部分国家生命价值的推算			
孟加拉国	252	40	159
中 国	703	110	156
印 度	379	60	158
印度尼西亚	1 059	160	151
牙买加	2 357	340	144
尼日利亚	249	40	161

资料来源：Miller，Ted R. 'Variations between Countries in Values of Statistical Life' *Journal of Transport Economics and Policy* Vol. 34 Part 2，May 2000，pp. 169 – 188

上表与前文的表 5 – 5 一样，反映了各国之间生命价值较大的差异，与各国的收入水平有着密切的关系。随着一国收入水平的增加，生命价值也会发生相应的变化，确切地说，生命价值会随之上升。对于上升的程度，Viscus 等认为在美国，生命价值与收入基本呈线性关系，即生命价值的收入弹性基本为 1，但上表中提供的信息对该收入弹性的确切程度提出了异议：正如 Miller 所述，上表中各国测算或推算出的生命价值均在人均 GDP 的 120 倍以上。但是从中可以发现一个不容忽视的特征——经济发达国家的生命价值乘数相对较低，基本接近 120 的下限；而包括中国在内的发展中国家的生命价值乘数则相对较高。在人均 GDP 在 1 000 美元左右及以下的国家，该系数在 150 以上。表中各要素之间的关系可用下式表达：

$$V_{SL} = p \cdot m \tag{5 – 9}$$

式中，V_{SL}——生命价值

p——人均 GDP

m——生命价值乘数

可见，随着 p 的上升，m 下降，因此，V_{SL} 上升速度相对 p 较慢。由此，生命价值的收入弹性 $e: \dfrac{(V_{SLt+1} - V_{SLt})/V_{SLt}}{(p_{t+1} - p_t)/p_t} < 1$。这也可视为对发展中国家较低的人均 GDP 的生命价值的补偿。

Miller 也在同一篇文献中指出：通过对各国生命价值研究的分析发现——各国的平均生命价值基本与收入的增加大约同比上升；通过对各国数据的回归检验，得出的收入弹性均在 0.92 与 1.00 之间。对于中国 V_{SL} 的计算，基于上表中国 1997 年的数据，2009 年的 V_{SL} 可通过下式计算：

$$V_{SL2009} = (p_{2009}/p_{1997}) \cdot V_{SL1997} \cdot e \qquad (5-10)$$

其中，根据中国统计年鉴，中国 2009 年 p_{2009} 为 25 575 元人民币，p_{1997} 的 703 美元根据统计年度的汇率折算为 5 905 元人民币，V_{SL1997} 为 924 000 元。至于中国的收入弹性 e，可通过上表中韩国与中国台湾的数据推算。这是由于考虑到中国从 1997 年以来的经济发展水平与速度，与韩国和中国台湾 1985 至 1997 年之间的情况具有一定的可比性，且表中的乘数相对接近，尤其是韩国。因此，本文认为中国的收入弹性与韩国基本一致。

根据上表关于韩国的数据，

$$e = \frac{(V_{SLt+1} - V_{SLt})/V_{SLt}}{(p_{t+1} - p_t)/p_t} = \frac{(1\,370\,000 - 380\,000)/380\,000}{(10\,063 - 2\,630)/2\,630}$$
$$= 0.92 \qquad (5-11)$$

因此，本书取 0.92 为中国生命价值的收入弹性，这与 Miller 等西方经济学家的观点一致。

将对应各数值代入式 5-10，得表 5-11

表 5-11　2009 年中国生命价值计算要素对应数值

V_{SL1997}	p_{1997}	p_{2005}	e	$V_{SL2009} = (p_{2009}/p_{1997}) \cdot V_{SL1997} \cdot e$
924 000 元	8 135 元	25 575 元	0.92	2 672 501 元

至此，本书已给出计算上海市私人小汽车交通事故成本的所有

数据,结合式 5 - 8 与表 5 - 11,可计算出该成本:

表 5 - 12　2009 年上海市私人小汽车交通事故成本及其构成要素

直接财产损失 (C_1)	受伤人员相关成本 (C_2)	生命价值 (V_{SL})	死亡人数 (N)	总成本 ($C = C_1 + C_2 + V_{SL} \cdot N$)
438. 91 万元	N/A	267. 25 万元	353	94 778. 16 万元

根据上文论述,车祸的外部成本占总成本的 50% 以上。本文采取保守的做法取 50%,那么,上海市 2009 年私人小汽车车祸成本为 47 389. 08 万元。

需要指出的是,通常来说,官方对交通事故的统计数据并没有包括所有发生的事故,从事故的次数上来说,只有 40% 左右是报告交通部门的[①],其余未上报的 60% 一般只有少量的财产损失,基本不涉及人员伤亡,因此本文不予考虑。

第四节　本　章　小　结

本章从理论和实证的角度分别考察私人小汽车造成交通拥堵的时间耗费与事故增加而引起的社会成本,并分别给出结论:2009 年上海市中心城私车拥挤(额外时耗)的外部成本为 115. 65 亿元,全市事故外部成本为 4. 74 亿元。

本章第一节对拥挤(额外时耗)的社会成本进行理论研究,首先提出本文对拥挤(额外时耗)外部成本的界定:实际出行时间与在畅通情况下的出行时间差值的货币化成本。随后对拥挤产生的原因从技术与经济社会的角度分别进行了剖析,提出:拥挤存在外部性,且在自由经济的条件下必然会不断恶化,产生大量的外部成本。

第二节首先对拥挤与事故的关系进行理论的研究与实证的综

---

① Zegras, Christopher, An Analysis of the Full Costs and Impacts of Transportation in Santiago De Chile, The International Institute for Energy Conservation, 1997.

述,认为在一般情况下,交通事故数量是与道路的拥挤程度成正比的,但与事故总损失额的关系难以确定,视不同的情况而定。对于交通事故,本文认为它不但包括车祸承受者相关损失,还涉及各种社会性成本,车祸的损失不能够单纯在交通系统中消化,因而也具有外部成本。而在研究事故负外部性的过程中,一个重要的论题是人的生命价值的研究。本文也根据下一节的需要对此进行了重点的分析。

第三节以上海为例,对上海市私人小汽车拥挤外部成本进行了相对全面的实证研究与测算:在拥挤(时间耗费)外部成本部分,本文结合上海市的交通拥挤状况与市民的出行情况,收集分析了多方面相关的官方数据,采用"机会成本法"对上海市中心城道路拥挤的经济成本进行估算,并尝试从中分离出私人小汽车造成的外部成本。在事故外部成本部分,本文同样结合上海市的有关权威统计数据,并从美国著名经济学家 Miller 对世界各类国家生命价值的推算中总结出相对一般的规律,尝试对中国当今经济水平下的生命价值进行推算,进而得出上海市私人小汽车的车祸成本以及其中的外部成本。

本章的创新之处有两点:第一,在拥挤(额外时耗)外部成本方面,结合对相关文献的分析与上海市的实际情况,设计了一种测量上海市中心城交通拥挤的外部成本的方法,并使用可得的最新数据进行测算。目前,国内对拥挤外部成本的实证研究与测算仍然处于起步阶段,本文的方法可以说是在该领域某一特定对象的尝试与探索,本文的实证结果对上海市,尤其是对上海市中心区的交通管理具有一定的借鉴意义。第二,在事故外部性方面,创新性地对中国目前的生命价值进行了测算,并据此对上海私人小汽车事故外部成本进行了测算。

本章的不足之处在于:实证研究中,由于数据的限制,对于一些影响测算结果的因素只能根据实际情况进行假定与推算,这在一定程度上影响了结果的准确性。此外,由于同样的原因,实证研究对象的范围不一致,拥挤(额外时耗)负外部性以上海市中心城为研究范围,而事故负外部性研究的是全市的情况。

第六章　私人小汽车消费
的环境成本研究

　　相对于本书前几章而言,私人小汽车消费环境成本的存在性更加毋庸置疑,人们对此有着比其他任何外部成本更直观和深刻的认识与更多的关切。这个问题在汽车保有量较高的城市尤其突出。

　　目前,我国城市固定源排放逐渐趋于稳定,而随着城市交通的发展,机动车对空气污染的影响逐渐显现,污染分担率不断上升,同时产生了大量的噪音。一系列的研究表明:在汽车化程度较高的城市中,汽车尾气排放的污染分担率大约为75%,而使人感到难受的噪音有80%来自交通,主要由车辆行驶引起。而包括私人小汽车在内的汽车使用者在制造一系列环境破坏与污染的同时,并没有直接承担相应的成本,造成了资源的低效配置与社会不公。本章将对此行进行理论与实证的研究。

第一节　私人小汽车消费的环境
成本的理论分析

一、空气污染

(一) 私人小汽车消费的空气污染

　　在机械交通之前,人们的出行基本通过马匹或马车。在那时,就已经出现了一定的环境问题,同汽车交通一样,城市的问题更加突出:各地每天都要处理大量的马粪与马尿,病马、死马横陈街头,随处可见,等待清理。马的饲料、病马的粪便都会传播细菌,而夹杂着病马粪便的尘土则会导致痢疾和呼吸道疾病。随着汽车的发明与普及,人们有了更快捷方便的出行工具,但这并不意味着人们能够摆脱相关的环境问题了。相反,随着汽车成本的降低,经济生活的发展和变化,道路交通量迅速提高,在发达国家和发展中国家的许多城市,特别是主要道路的邻近区域,汽车产生的空气污染已成为一个严重的社会问题。

根据相关技术资料,汽车以三种方式向大气排放污染物:尾气排放、曲轴箱通风①和燃油蒸发。其中尾气排放影响最大,而且 2000 年之后的汽车,尤其是小型汽车,基本上都使用了汽油机电子喷射技术,将曲轴箱通风和燃油蒸发产生的有害气体二次使用,一方面充分利用了燃油,另一方面又令排放得到了极大降低。因此,本文只讨论尾气排放的污染。

汽车排放的尾气成分有一百多种,排放物中,主要的有害成分及其可能产生的危害如下表所示:

表 6-1　汽车尾气排放的主要有害成分及危害

有害成分	危　　害
一氧化碳（CO）	通过呼吸道进入人体,并经肺部吸收进入血液,血液中的血红素有很强的亲和力（比氧强约 300 倍）,亲和后生成稳固的碳氧血红素,使血红素丧失输氧能力,造成人体组织缺氧,大脑及中枢神经功能减弱。
氮氧化合物（NO_x）	NO 刺激人眼粘膜会引起结膜炎、角膜炎,高浓度 NO 能引起神经中枢障碍,且容易与空气中的氧气结合,生成剧毒的 NO_2,NO_2 被吸入肺内,能与肺部的水分结合生成可溶性硝酸,严重时可引起肺炎和肺气肿。
碳氢化合物（HC）	HC 具有刺激性气味,对人眼及呼吸系统均有刺激作用,现已证明,其中某些高分子的环状碳氢化合物在人和动物身上有致癌作用。
二氧化硫（SO_2）	与水汽结合成硫酸及与大气中其他物质结合生成硫化物,最终会形成飘浮的微粒物质,这些物质都是有害的,同时侵蚀城市建筑物、使土壤酸化,进而影响生态平衡。

① 部分有害物质从发动机曲轴箱通气孔或润滑系的开口处排放到大气。

（续表）

有害成分	危　害
炭烟、微粒及臭味	柴油发动机不完全燃烧产物，含有大量的黑色碳颗粒，尤其在 $2\mu m$ 以下炭粒占80%—90%。正是这些碳粒对人的呼吸系统极为有害。炭烟还含有少量的带有特殊臭味的乙醛，往往使人们恶心和头晕，同时炭烟还影响城市道路上的能见度。

这些有害成分的污染分担率各不相同，其结构可通过表6-2得到一定的反映：

表6-2　部分城市（国家）机动车空气污染分担率

城市	年份	排放总量（1 000 吨）	空气污染分担率（%）					
			一氧化碳	碳氢化合物	氮氧化合物	硫化物	颗粒物	加权平均
墨西哥城	1987	5 027	99	89	64	2	9	80
洛杉矶	1982	3 391（不包括颗粒物）	99	50	64	21	N/A	87
伦敦	1978	1 200	97	94	65	5	46	86
希腊	1976	394	97	81	51	6	18	59
慕尼黑	1975	213	82	96	69	12	56	73
大阪	1982	141	100	17	60	43	24	59

资料来源：Faiz, A. *Automotive Air Pollution：An Overview*, The World Bank, 1990

该表显示：各城市由于燃料的区别，其机动车的尾气成分的比例有所不同，但都清晰地反映了机动车对城市空气污染的巨大影响。在洛杉矶、伦敦等交通问题严重的城市，汽车尾气排放的空气污染分担率高达85%以上。

以上讨论的有害成分及其造成的污染在一般情况下是地方性的，此外，汽车消费还会产生一种全球性的"有害气体"——CO_2。事实上，在一般情况下 CO_2 是一种无毒无害的气体。但随着该气体的大量排放,在长期会产生全球性的气候变暖影响,对人类生存带来巨大的威胁。因此,汽车消费中产生的大量 CO_2 也不能够忽视。此外,相对于其他交通工具,汽车的人均单位污染要大很多:

表6-3　交通工具人均单位污染比较　单位:g/(人·km)

交通工具	CO	CO_2	NO_x	C_xH_y	SO_2
客运汽车(燃料为汽油)	14.4	180	2.4	2.5	0.03
火车	0.01	45	0.15	0.01	0.3
飞机	2.2	465	1.8	0.4	0.15

资料来源:OECD(1991)*Environmental Policy: How to Apply Economic Instruments*

可见,汽车消费在一氧化碳、氮氧化合物和碳氢化合物的人均单位排放方面均远远高过其他交通工具。因此,研究其中保有量比例较高的私人小汽车的相关环境成本具有十分重大的意义。

(二) 空气污染的损害

由表6-1可见,汽车尾气的有害成分除了单独危害之外,还会在一定条件下发生化合作用,造成城市交通的二次污染,对城市和人体造成巨大的伤害。洛杉矶、伦敦等城市出现举世震惊的光化学烟雾①和硫酸烟雾②事件便是沉痛的教训。

汽车造成的空气污染的最大破坏是对人体健康的影响,导致各类疾病、早衰、早亡。20世纪90年代,美国每年有3万人死于由汽车排放的有毒物质引起的呼吸道疾病,1.2万人的早亡也与汽车尾气有关。在墨西哥城,每年有1.25万人死于空气污染造成的呼吸系统疾病。以交通堵塞闻名于世的曼谷,污浊的空气中含有38种细菌和真菌,它们

---

①　从城市汽车行驶过程中所排出 NO_x、HC化合物对环境造成污染后,在太阳紫外线的作用下发生光化学反应,生成浅蓝色的烟雾型混合物,叫光化学烟雾。它能刺激人眼、上呼吸道,诱发各种炎症,导致哮喘发作;伤害植物,使叶尾出现褐色斑点而病变坏死,破坏绿化。20世纪40年代初,洛杉矶出现光化学烟雾,许多人咽喉发炎,鼻眼受到刺激,且有不同程度的头痛。

②　硫酸烟雾是汽车尾气排放中 SO_2 气体所引起的,它是强氧化剂,对人和动、植物有极大的危害。英国从19世纪到20世纪中叶多次发生这类烟雾事件。最严重的一次发生在1962年12月5日伦敦,历时5天,死亡四百多人。所以硫酸烟雾也称伦敦型烟雾。

导致人们腹泻、血液中毒和患脑膜炎。泰国研究人员的报告指出,正是这种空气污染使他们的人均寿命比日本、美国等少了十六七岁。

其次,空气污染不仅会导致农产品产量和品质的下降,严重的情况下甚至会导致动、植物的死亡和灭绝。另外,污浊的空气不但会污染各种建筑的外墙,增加清洁成本,尾气中的硫化物等化合产生酸雨在长期还会腐蚀建筑物外墙,损害其美观和耐用性[①]。

Quinet 对部分国家从 20 世纪 80 年代到 1992 年的地方性空气污染成本的实证研究结果进行了整理与汇总,得出一国的交通空气污染造成的损失占该国国民生产总值比例的范围。表 6-4 为 Quinet 的部分研究成果,其中最高的比例高达 1.05%。

表 6-4　交通造成的空气污染成本(地方性)

研究者	国　家	年　份	污染成本占 GNP 百分比			
			健　康	物质损害	植被破坏	总　计
UPI	德国	1991	0.59	0.07	0.26—0.41	0.92—1.05
Infras	瑞士	1992	0.01—0.03	0.07—0.16	0.16—0.45	0.24—0.64
EcoPlan	尼泊尔	1992	0.14	0.13	0.15	0.42
Funnarson & Leeksell	瑞典	1986	0.02—0.06	0.00—0.03	0.00—0.02	0.03—0.11
VROM	荷兰	1985	0.06—0.29	0.08—0.13	0.14—0.18	0.38—0.6
Fin RA	芬兰	1992				0.4
Bouladon	英国	1991				0.15—0.35
Deakin	美国	1990				0.48

资料来源:欧洲运输部长联合会,经济合作与发展组织《交通社会成本的内部化》,中国环境科学出版社 1996.9,第 47 页。

二、噪音污染

(一) 私人小汽车消费的噪音污染

所谓噪声,从物理学观点讲,是各种不同频率和强度的声音无规

[①]　见俞海山、周亚越《消费外部性———一项探索性的系统研究》,经济科学出版社 2005 年版,第 266 页。

律的杂乱组合;从生理学观念来看,是干扰人们休息、学习和工作的声音。道路交通噪声一般指机动车辆在运行过程中所发出的超过国家标准①的声音。

OECD 认为:交通是环境噪声的主要来源,其产生的噪音远远超过建筑与工业。其中,道路交通是主要因素。欧洲联盟委员会绿皮书(1992)转引了交通噪声中各类噪声的比例,其中,铁路和航空分别为 10% 和 26% ,而道路噪声则占 64% 。可见,由于公路交通数量大,影响范围大,因此其外部成本较高。

道路交通噪声主要来源于行驶中的机动车。机动车本身是包括多种噪声的综合体,根据相关技术资料,车辆噪声通常包括发动机噪声、排气噪声、进气噪声、发动机冷却风扇噪声、轮胎与地面摩擦噪声、传动噪声以及鸣笛噪声。其中主要的噪声为发动机噪声、轮胎与地面摩擦噪声、排气噪声和鸣笛噪声。汽车在低速行驶时(≤30km/h),发动机噪声最大,当时速超过 50km/h 时,轮胎与地面接触所发生的噪声最为明显。许多辆车的噪声组合在一起就形成交通噪声,在没有防护设施的情况下,强度一般为 60—80dB②,并与道路车流量、车辆类型、行驶车速、道路状况等密切相关。

(二) 噪音污染的损害

---

① 国家规定的噪音各类标准的适用区域:

零类标准:昼间≤50dB 夜间≤40dB 适用于疗养区、高级别墅区、高级宾馆区等特别需要安静的区域,位于城郊和乡村的这类区域按严于零类标准 5dB 执行。

一类标准:昼间≤55dB 夜间≤45dB 适用于以居住、文教机关为主区域。乡村居住环境可参照执行该类标准。

二类标准:昼间≤60dB 夜间≤50dB 适用于居住、商业、工业混杂区。

三类标准:昼间≤65dB 夜间≤55dB 适用于工业区。

四类标准:昼间≤70dB 夜间≤55dB 适用于城市中的道路交通干线道路两侧区域,穿越城区的内河航道两侧区域。穿越城区的铁路主、次干线两侧区域的背景噪声(指不通过列车时的噪声水平)限值也执行该类标准。(国家环保总局,《城市区域环境噪声标准——GB3096－93》,1993.12.6)

② 分贝是音量的单位,分贝数越大代表所发出的声音越大。分贝在计算上是每增加 10 分贝,则声音大小约是原来的十倍。

　　可根据噪音令人感到难受的程度分为三类①：第一类为精神上的难受，使人不快。第二类为功能上的难受：噪音在 60dB 以上即干扰人的活动（工作、睡眠、说话），使人心绪不宁。第三类为生理上的难受：噪音对人的听力有影响。人若处在 85dB 的噪音环境中 5 年以上，则有耳聋的危险；在 75dB 以上，至少暂时使听觉疲劳和紊乱。80—85dB 的噪声会造成听力的轻度损伤，长时间接触 85 分贝以上的噪声，会造成少量噪声性耳聋。噪声还作用于中枢神经系统，使交感神经紧张，使人心跳加快，心律不齐，血压升高等。越来越多的证据表明，65—75dB 的噪声对心脏病和高血压有影响。

　　可见，噪音影响人们的工作、学习和生活，影响人们的工作效率。而且对人体健康产生多方面的危害。Delucchi 对美国 20 世纪 90 年代初的数据建模分析的结果是：汽车噪音造成的直接外部损失约为每年 50 亿至 100 亿美元。该成本不包括道路建设噪音及相关上游产品制造产生的工业噪音等间接损失。损害可表达为：$D = D_h + D_w$。其中，D 为噪声污染的损失，D_h 为人体健康损失，D_w 为工作效率下降损失。通常情况下，健康危害与工作效率损失导致的经济损失难以直接度量，因此理论界常使用噪声范围内的房地产使用价值的变化来研究与度量噪音的外部成本。该方法把包括噪声在内的环境质量视为影响资产价值的一个因素，使用特征价格方法，估算当影响资产价值的其他因素不变时，因噪声污染或改善造成的经济损失或收益。

表 6 - 5　50 到 60dB 的噪音对住房价格的影响

国　　家	住房价格下降幅度/dB（%）
法　国	0.4
荷　兰	0.5
挪　威	0.4
瑞士，巴塞尔	1.26
加拿大，多伦多	1.05

①　[法]皮埃尔·梅兰《城市交通》，商务印书馆 1996 年版，第 80 页。

（续表）

国　　家	住房价格下降幅度/dB（%）
美国,北弗吉尼亚	0.15
美国,芝加哥	0.65
美国,华盛顿	0.88
OECD 国家	0.5

资料来源：Poldy, F. *The Costing and Costs of Transport Externalities*：*A Review*，Paper Presented at Workshop on Transport Externalities University House Australian National University, BTCE, Victorian Environment Protection Authority, Australia, 1993

　Verhoef 比较了一系列的研究,归纳总结如表 6 - 6 所示。

表 6 - 6　道路交通噪音成本预测

国家和年份	占 GDP 比例	计算方法
挪威 1983	0.22	房产价值损失
	0.17	睡眠影响
	0.07	实际预防支出
	0.12	车辆控制预算
德国 1986	0.04—0.10	规避成本
	0.02—0.05	房产价值损失
德国 1987	0.15	生产力损失
	1.45	房产价值损失（30dB 标准）
德国 1991	0.03	规避成本
	0.52	支付意愿（显示偏好）
法国 1983	0.30—2.27	户外隔离成本（40—50dB 标准）
法国 1986	0.04	房产价值损失
荷兰 1983	0.03—0.08	隔离预算
	0.12—0.24	噪音来源控制预算
荷兰 1987	0.02	政府在降低噪音方面支出
	0.02	房产价值损失
荷兰 1988	0.03—0.08	房产价值损失与其他预防噪音措施
英国 1976	11.18	将交通噪音降低 10dB

资料来源：Verhoef, E. 'External Effects and Social Costs of Road Transport' *Transportation Research*，Vol. 28A, No. 4, 1994

表6-6 充分体现出了不同计算方法得出的结果之间的巨大差异。成本最大的方法是直接令汽车降低噪音,最小的主要是预防支出法[①],以及部分房产价值损失法。Verhoef 通过分析各种方法计算得出的结果认为:交通噪音总成本大约是由此造成的房产价值损失的 8 倍。

我国学者对噪音污染的经济损失也进行了一系列的实证研究,揭示了噪声污染,尤其是城市噪声污染的危害:

表6-7　我国关于噪声污染造成的经济损失主要研究结果

研究者	年份	研究项目	污染损失 (万元)	估算方法	主要 参变量
郭静男等	1986	中国城市道路交通噪声损失	医疗费用损失: 36 000 工作效率下降: 465 000 房地产贬值: 300 000 车辆贬值: 5 000	人力资本法,资产价值法	交通干线两侧居民医疗费用
刘凤喜	1996	大连市城市噪声污染损失	5 336 万元占大连市 1996 年GDP 的 0.07%	支付意愿法	不同噪音水平下的支付意愿
许信旺	1990	安徽省各地市污染损失	合肥市 2 440.85芜湖市 1 953.32(其余略)	人力资本法,资产价值法	超过 70dB人均多支出的医药费
冯少英	2000	白云机场飞机噪声对居民舒适性影响的经济损失	1 274.648 9	支付意愿法	不同噪音水平下的支付意愿

资料来源:转引自陈婷、陆雍森《交通噪声污染经济损失估算方法比较研究》,交通环保 2004.5

---

① 详见本文下一节。

　　本节的以上部分对包括私人小汽车在内的机动车使用消费的空气与噪音污染状况及造成的相关影响进行了分析。之所以会产生如此显著的经济损失,很大程度上是因为私人成本与整个社会成本的不一致,Quinet 通过对私人支付意愿与降低有害影响所需成本的度量给出了对于环境污染水平的图形解释[①]:

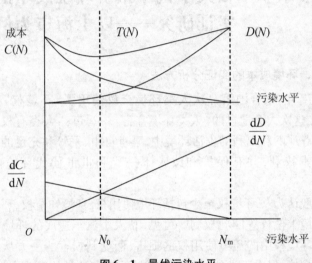

图 6 - 1　最优污染水平

　　图 6 - 1 中,$C(N)$ 为私人成本。随着污染水平提高,即造成损害程度的上升,私人成本下降。$D(N)$ 为外部成本。污染的损害程度越高,其造成的外部成本越大。在没有任何干预的情况下,私人选择在 N_m 点进行生产,造成最大的外部成本。$T(N)$ 为私人成本 $C(N)$ 与外部成本 $D(N)$ 之和,是污染的社会总成本。在 N_0 点,即边际私人成本与边际外部成本相等时达到最小值。N_0 点的损害所对应的污染为最优污染水平。

　　可见,私人成本与损害程度呈反比,因此在私人不承担外部成本

①　见欧洲运输部长联合会、经济合作与发展组织《交通社会成本的内部化》,中国环境科学出版社 1996 年版,第 32 - 33 页。

的情况下,损害程度会维持较高的水平。那么,如果私人小汽车的消费者如果没有充分承担相应的环境污染的成本,将会导致过高的环境污染水平。

第二节　私人小汽车消费环境成本的实证研究——以上海市为例

一、环境成本的实证分析方法

1972 年,联合国第一次人类环境会议使用了"环境权"这个概念,并在这次大会通过的《人类环境宣言》中写道:"人类有权在一种能够过尊严的和福利的生活环境中,享有自由、平等和充足的生活条件的基本权利,并有保护和改善下一代和世世代代环境的庄严责任。"

一般认为[①]:环境权至少包括环境使用权、环境知情权、环境参与权与环境求偿权等四项权利。可见,私人小汽车造成的环境污染是对他人环境权中的环境使用权的损害,而受到损害的一方从理论上说有权求偿,但由于求偿对象的广泛性及损害计量的不确定性,在实践中难以对所有造成环境污染的私人小汽车主一一进行准确的求偿,该程序并不具有实践价值。但是在理论上,可以通过一系列的方法考量相应的环境污染的总量,从而为内部化外部成本的各类政策提供借鉴。

结合外部成本的评估方法,环境成本的实证研究方法主要有以下 4 种:

第一种是特征价格法。该方法计算由相关环境污染造成的经济损失,是直接财产损失与生产要素变动造成的生产率损失之和。其中,直接财产损失指因受环境污染而遭到破坏或贬值的财产,如酸雨

---

① 见俞海山、周亚越《消费外部性——一项探索性的系统研究》,经济科学出版社 2005 年版,第 130—133 页。

造成的农作物受损及房屋损害等。受环境污染影响的生产要素可分为两类:一般生产要素与劳动力要素。一般生产要素变动损失如水污染使农业生产率下降等;劳动力要素变动损失包括劳动力的疾病成本与人力资本的损失,主要包括收入损失、医疗费用和心理与生理上的痛苦这三类。这些生产要素的变动,将造成生产率的下降,进而产生的经济损失可用下式表示:

$$L = \sum_{i=1}^{n} P_i \Delta R_i \qquad (6-1)$$

式中,L——环境污染造成产品损失的价值,

P_i——第 i 种产品的市场价格,

ΔR_i——第 i 种产品由于环境污染所减少的产量。

此外,环境污染也会造成产品质量下降,从而导致市场价格下降。

第二种是预防支出法。它是人们为了避免环境危害而做出的预防性支出。这一方法假定人们为了避免伤害会支付货币来保护自己,因此用其支出来预测他们对危害的主观评价。该方法有两个局限:首先,实际支出可能受收入的约束;其次,预防性支出可能不包括全部效益损失。由于现实中,个人对环境变化的危害性不可能有完全信息。因此,该方法得出的结果一般是在消费外部成本的各种评价中的最低的。

第三种是显示偏好法。该方法理论基础是根据消费者个人需求曲线及消费者剩余,估计消费者对环境污染造成的商品和劳务损失而希望接受赔偿来度量外部成本。该方法通过对专家及环境资源使用者直接询问或间接考察的方式对环境污染的外部成本进行评估。这种方法也存在个人不完全信息的问题。

第四种是重置价格法。指将由于污染影响而造成的损失恢复到原来情况,并给予必要的防护以不再被破坏所需要的费用视为环境破坏带来的经济损失,可用下式表达:

$$L = \sum_{i=1}^{n} C_i Q_i \qquad (6-2)$$

其中,L——污染所破坏资源的恢复和防护费用,

　　　　C_i——为恢复并防护第 i 种资源的原有功能支出的单位费用

　　　　Q_i——已经或将要被污染或破坏的第 i 种资源总量。

　　在一些情况下使用该方法能够简化实证过程,但参考特征价格法后可知重置价格法有明显的局限性:死亡劳动力无法复原。相对重置成本,第五章讨论的生命价值视为损失更为合理。本节将根据实际情况,选择合适的方法对上海市私人小汽车环境外部成本进行实证研究。

二、环境成本的实证分析——空气污染

(一) 上海市空气污染状况

　　近年来,中国许多大城市的大气质量迅速恶化。2005 年,世界卫生组织列出的二十大污染最严重的城市中,中国占了 16 个。在城市,机动车的尾气排放已成为大气污染的主要来源。Walsh 的研究认为,在典型的中国城市中,45%—60% 的氮氧化物以及 85% 的一氧化碳排放物来源于机动车。不少学者认为中国城市大气污染的典型模式已从燃煤主导型转为燃煤—机动车混合型,甚至是机动车污染主导型。

　　根据 2010 中国卫生统计年鉴,2009 年中国大城市居民主要死亡率构成中,呼吸系统疾病死亡率仅次于恶性肿瘤和心脑血管疾病排名第三。世界银行的一份报告说,中国汽车污染有上升趋势。此外,城市烟雾导致医疗成本日益庞大。中国肺病发病率在过去 30 年翻了一番。根据新华网的采访,20 世纪 80 年代初的北京,一般呼吸道疾病一个星期就能康复,而如今需要半个多月。而这些年北京很多工厂已迁到远郊,因此可判断:呼吸道疾病增加的主要原因为汽车尾气污染①。

　　随着大气污染控制力度的加大和机动车保有量的快速增长,20世纪 90 年代后期,上海市环境空气污染也逐渐由煤烟型污染向石油型和煤烟型的复合污染,乃至石油(机动车燃油为主)主导型转变。2000 年,上海市中心城氮氧化物平均浓度比 1995 年上升了 23%,中

---

①　http://news.xinhuanet.com/auto

心区主要干道的氮氧化物浓度超过国家标准 2—5 倍,机动车尾气污染成为影响城市大气环境质量的主要因素之一[①]。根据陈长虹等的预测,到 2010 年上海市机动车保有量将由目前的 45 万—47 万辆增加到 140 万辆以上,其中大约 50% 的车辆将集中在仅占全市行政区域面积 16% 的中心城区内运行。2010 年机动车在中心城区内排放的一氧化碳将达到 49 万吨/年,碳氢化合物 12 万吨/年,氮氧化物将增加到 13.4 万吨/年。机动车辆在上海市中心城区排污负荷将大大超过固定排放源,其排放的废气将严重影响这一地区大气环境。近年来,随着环境保护意识的增强及环境治理措施的采取,上海市大气环境部分指标有所改善,但部分仍持续恶化:

表 6 - 8 上海市主要年份环境空气状况(部分指标)

指　　　　标	2000	2004	2009
中心城区二氧化硫年日平均值(mg/m^2)	0.045	0.055	0.035
中心城区二氧化氮年日平均值(mg/m^2)	0.090	0.062	0.053
中心城区可吸入颗粒平均浓度(mg/m^2)		0.099	0.081
降水 pH 平均值	5.19	4.92	4.66
酸雨频率(%)	26.0	32.7	74.9

资料来源:2010 上海统计年鉴

表 6 - 8 中的前三项指标中,一项的超过了我国《环境空气质量标准》(GB3095—1996)二级标准年平均浓度限值[②],两项超过一级标准。而且,我国目前的环境空气质量标准与欧美等发达国家的

[①]　见上海人民出版社《上海市城市交通白皮书》,上海人民出版社 2002 年版,第 69 页。
[②]　根据国家环境保护局 1996 年批准实施的《中华人民共和国国家标准/环境空气质量标准》,各项污染物的浓度限值如下:

指　　　　标	一级标准	二级标准	三级标准
二氧化硫年平均值(mg/m^3)	0.02	0.06	0.10
二氧化氮年平均值(mg/m^3)	0.04	0.04	0.08
可吸入颗粒年平均浓度(mg/m^3)	0.04	0.10	0.15

标准在部分指标上还存在一定的差距,加上测量中的影响因素,实际情况更不容乐观,酸雨频率的大幅上升便可一定程度反映问题的严重性。

为了控制汽车尾气污染,上海市政府自 20 世纪 90 年代末起,采取了一系列管制措施。1997 年 10 月 1 日上海广泛推广了无铅汽油应用,加之许多工厂的关停并转,上海市的环境铅污染明显改善。近期,上海交通大学医学院附属新华医院沈晓明、颜崇准两位教授对外公布了一项追踪研究结果①:目前上海市 0—6 岁学龄前儿童血铅超标比例为 3.9%,与 10 年前的 37.8% 相比,下降了 10 倍。

除了无铅汽油的统一使用,上海还继北京之后,提前强制实施了国际标准的尾气排放标准。2003 年起,不符合排放标准的汽车将不能办理注册登记手续。这一措施对控制机动车尾气排放具有较大的现实意义。标准及实施情况如表 6-9 所示。

表 6-9　　欧洲和北京、上海的汽车排放标准实施情况及趋势

国家或地区	2000	2001	2002	2003	2004	2005	2006	2007	2008	2009	2010
欧洲	欧Ⅲ②						欧Ⅳ				欧Ⅴ
北京	无			国Ⅱ③			国Ⅲ		国Ⅳ		
上海	无			国Ⅱ			国Ⅲ		国Ⅳ		
香港	欧Ⅱ	欧Ⅲ				欧Ⅳ					

---

① http://www.sjtu.edu.cn/newsnet/newsdisplay.php?id=12633

② 汽车污染物排放欧洲标准是由欧洲经济委员会(ECE)的排放法规和欧共体(EEC)的排放指令共同加以实现的,欧共体(EEC)即是现在的欧盟(EU)。排放法规由ECE 参与国自愿认可,排放指令是 EEC 或 EU 参与国强制实施的。汽车排放的欧洲法规(指令)标准 1992 年前已实施若干阶段,欧洲从 1992 年起开始实施欧Ⅰ(欧Ⅰ型式认证排放限值)、1996 年起开始实施欧Ⅱ(欧Ⅱ型式认证和生产一致性排放限值)、2000 年起开始实施欧Ⅲ(欧Ⅲ型式认证和生产一致性排放限值)、2005 年起开始实施欧Ⅳ(欧Ⅳ型式认证和生产一致性排放限值)。

③ 汽车污染物排放国家标准由中国国家环境保护总局(现中华人民共和国环境保护部)与国家质量监督检验检疫总局共同发布。其中,国Ⅱ、国Ⅲ与国Ⅳ均与相应的欧洲标准一致。

可见,虽然北京和上海是中国率先实施尾气排放标准的城市,但从国际范围来看,实施时间晚,实施标准低,与较发达国家和地区仍有相当的差距。

（二）空气污染社会成本的实证研究方法选择

对于上海市私人小汽车空气污染成本的实证研究,由于一些主客观原因的限制,因此上文分析的环境成本的实证研究方法不尽适用。

首先,私人小汽车消费的空气污染造成的损失并不能直接得到反映,我们所能观测到的是整个大气污染的损失。至于私车的相关影响,需要经过对大气污染一系列的分离才能得出,主要需要考虑的环节如图6－2。

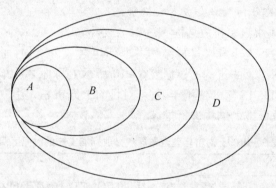

图6－2　私人小汽车消费空气污染与大气污染的关系

图中,A——私人小汽车尾气污染,

　　B——机动车尾气污染,

　　C——交通运输空气污染,

　　D——大气污染。

考虑到多个分离环节可能产生的较大误差以及污染损害的可得性,特征价格法不适用。

其次,大气污染对包括人类在内的部分生物永久的破坏甚至毁灭性的影响是不能恢复重置的,因而整体上不适用于重置价格法。

　　预防支出法与显示偏好法相对而言在这里更为合适。但汽车制造业在目前的技术条件下,完全控制汽车的尾气排放需要增加巨大的成本,燃料电池作为目前最有可能替代汽车燃油的新技术,由于部分技术尚未完全成熟,还没有进入批量生产阶段。因此,预防支出的成本在目前必然偏高。而显示偏好法由于存在个人不完全信息的问题,非特殊情况下不宜完全依赖。

　　在研究尾气污染相关问题时,尾气的损害不能直接用市价表示,但考虑到市场上的排污费等标准,因此可以用排污费来确定尾气排放成本。这种方法用废气排放权的市场价格来替代确定其损害的成本,可称为替代市场法。在市场价格合理确定的前提下,该方法从理论和实践上均优于上述常用的研究方法。

　　(三)空气污染社会成本实证研究

　　1. 私人小汽车排放结构

　　这里的私人小汽车排放结构并非指尾气成分结构,而是指不同排放标准的车子的比例。根据表6-10所示上海地区汽车排放标准的实施时间及15年的使用年限,可对目前上海市私人小汽车保有量的尾气排放标准的结构进行推算。

表6-10　上海市轻型汽车尾气排放标准实施的时间区间

时　间	标　准
1991—1999	轻型汽车排气污染物排放标准 GB14761—93（原标准号:GB11641—89）
2000—2002	国家第Ⅰ阶段排放水平(国家一级标准)
2003—2005	国家第Ⅱ阶段排放水平(国家二级标准)
2006—2008	国家第Ⅲ阶段排放水平(国家三级标准)
2009—	国家第Ⅳ阶段排放水平(国家四级标准)

　　资料来源:国家环境保护总局《轻型汽车排气污染物排放标准 GB 14761—93》1993,《轻型汽车污染物排放标准 GWPB1—1999》(第一阶段)1999,《轻型汽车污染物排放限值及测量方法(Ⅱ)》2004.7.1,《轻型汽车污染物排放限值及测量方法(中国Ⅲ、Ⅳ阶段)》2007.7.1

　　对于私人汽车数量的统计,直到2002年才有各种客车车型的分类统计。但考虑到私人拥有的大、中型客车,特别是私人大型客车的占比非常小,而且上世纪的客车保有总量相对较小,因此本书认为:基于上述考虑以及车辆每年的报废情况,使用现有的数据对研究结果的影响较小。

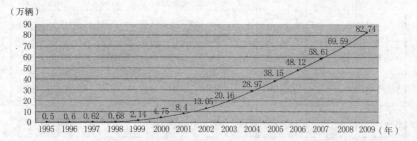

图6－3　上海市私人小汽车历年保有量(万辆)

资料来源:历年《中国统计年鉴》

由上图可见,1999 年之前,上海市私人小汽车的保有数量十分平稳,每年变化不大;自 1999 年,也是国家和上海市政府鼓励轿车进入家庭的初始期起,私车保有量呈井喷式增长。随着汽车数量的急剧变化,车辆的排放结构也随之迅速优化。以 15 年车辆使用年限计算,到 2009 年底在上海市行驶的汽车均为 1995 年以后制造,结合上海市尾气排放标准的具体实施时间,对到 2009 年底为止的私人小汽车排放结构进行计算:

表6－11　部分年份上海市私人小汽车保有量的车龄结构(辆)

2002	2003	2004	2005	2006	2007	2008	2009
$N_{1988}=413$	$N_{1989}=413$	$N_{1990}=413$	$N_{1991}=413$	$N_{1992}=413$	$N_{1993}=413$	$N_{1994}=413$	$N_{1995}=413$
$N_{1989}=413$	$N_{1990}=413$	$N_{1991}=413$	$N_{1992}=413$	$N_{1993}=413$	$N_{1994}=413$	$N_{1995}=413$	$N_{1996}=413$
$N_{1990}=413$	$N_{1991}=413$	$N_{1992}=413$	$N_{1993}=413$	$N_{1994}=413$	$N_{1995}=413$	$N_{1996}=413$	$N_{1997}=413$
$N_{1991}=413$	$N_{1992}=413$	$N_{1993}=413$	$N_{1994}=413$	$N_{1995}=413$	$N_{1996}=413$	$N_{1997}=413$	$N_{1998}=413$
$N_{1992}=413$	$N_{1993}=413$	$N_{1994}=413$	$N_{1995}=413$	$N_{1996}=413$	$N_{1997}=413$	$N_{1998}=413$	$N_{1999}=15\,613$

（续表）

2002	2003	2004	2005	2006	2007	2008	2009
$N_{1993}=413$	$N_{1994}=413$	$N_{1995}=413$	$N_{1996}=413$	$N_{1997}=413$	$N_{1998}=413$	$N_{1999}=15\,613$	$N_{2000}=26\,513$
$N_{1994}=413$	$N_{1995}=413$	$N_{1996}=413$	$N_{1997}=413$	$N_{1998}=413$	$N_{1999}=15\,613$	$N_{2000}=26\,513$	$N_{2001}=36\,913$
$N_{1995}=413$	$N_{1996}=413$	$N_{1997}=413$	$N_{1998}=413$	$N_{1999}=15\,613$	$N_{2000}=26\,513$	$N_{2001}=36\,913$	$N_{2002}=46\,913$
$N_{1996}=413$	$N_{1997}=413$	$N_{1998}=413$	$N_{1999}=15\,613$	$N_{2000}=26\,513$	$N_{2001}=36\,913$	$N_{2002}=46\,913$	$N_{2003}=71\,513$
$N_{1997}=413$	$N_{1998}=413$	$N_{1999}=15\,613$	$N_{2000}=26\,513$	$N_{2001}=36\,913$	$N_{2002}=46\,913$	$N_{2003}=71\,513$	$N_{2004}=88\,513$
$N_{1998}=413$	$N_{1999}=15\,613$	$N_{2000}=26\,513$	$N_{2001}=36\,913$	$N_{2002}=46\,913$	$N_{2003}=71\,513$	$N_{2004}=88\,513$	$N_{2005}=92\,213$
$N_{1999}=15\,613$	$N_{2000}=26\,513$	$N_{2001}=36\,913$	$N_{2002}=46\,913$	$N_{2003}=71\,513$	$N_{2004}=88\,513$	$N_{2005}=92\,213$	$N_{2006}=100\,113$
$N_{2000}=26\,513$	$N_{2001}=36\,913$	$N_{2002}=46\,913$	$N_{2003}=71\,513$	$N_{2004}=88\,513$	$N_{2005}=92\,213$	$N_{2006}=100\,113$	$N_{2007}=105\,313$
$N_{2001}=36\,913$	$N_{2002}=46\,913$	$N_{2003}=71\,513$	$N_{2004}=88\,513$	$N_{2005}=92\,213$	$N_{2006}=100\,113$	$N_{2007}=105\,313$	$N_{2008}=110\,213$
$N_{2002}=46\,913$	$N_{2003}=71\,513$	$N_{2004}=88\,513$	$N_{2005}=92\,213$	$N_{2006}=100\,113$	$N_{2007}=105\,313$	$N_{2008}=110\,213$	$N_{2009}=131\,913$
$N=130\,500$	$N=201\,600$	$N=289\,700$	$N=381\,500$	$N=481\,200$	$N=586\,100$	$N=695\,900$	$N=827\,400$

资料来源:作者计算所得

根据表6-11与上海市轻型汽车尾气排放标准实施的时间区间,可得到上海市私人小汽车在2009年底的排放结构:

表6-12　2009年上海市私人小汽车尾气排放结构

数量（辆）	执　行　标　准
17 265	轻型汽车排气污染物排放标准 GB14761—93（原标准 GB11641—89）
110 339	国家第Ⅰ阶段排放水平(国家一级标准)
252 239	国家第Ⅱ阶段排放水平(国家二级标准)
315 639	国家第Ⅲ阶段排放水平(国家三级标准)
131 913	国家第Ⅳ阶段排放水平(国家四级标准)

2. 私人小汽车总排放及其市场成本

尾气排放量除了与车辆的排放水平相关之外,与车辆的行驶里程也直接相关。根据上海市城市综合交通规划研究所提供的上海市第四次综合交通调查报告:2009 年全市小汽车平均每车每日行驶里程为 39km,可得私人小汽车车均行驶总里程为:$D = 14\ 235$ km。

目前上海市场上的私人小汽车,除了大众宝来 1.9TDI、奥迪 2.5 和捷达 SDI 为柴油车,其余型号汽车使用的燃油都是汽油,因此其二氧化硫和可吸入颗粒物的排放在技术上可以忽略,也即,私人小汽车的尾气排放一般指排气污染物中的一氧化碳、碳氢化合物和氮氧化物。

表 6 – 13 为上海市小汽车不同阶段的排放标准上限:

表 6 – 13　上海市小汽车污染物排放限值①

阶　段	限值(g/km)		
	一氧化碳	碳氢化合物	氮氧化物
2000 年之前	9	4	
Ⅰ	6.90	1.70	
Ⅱ	5.0	0.7	
Ⅲ	5.22	0.29	0.21
Ⅳ	2.27	0.16	0.11

资料来源:国家环境保护总局《轻型汽车排气污染物排放标准 GB14761—93》,1993.11,《轻型汽车污染物排放限值及测量方法(Ⅰ)》2001.4.16,《轻型汽车污染物排放限值及测量方法(Ⅱ)》2004.7.1,《轻型汽车污染物排放限值及测量方法(中国Ⅲ、Ⅳ阶段)》2007.7.1

结合表 6 – 13 与上表 6 – 12,可计算出私人小汽车的污染物排放总量:

---

①　由于道路因素使车辆发动机处于低转速、加速、怠速、过渡等工况时,排放物中的有害成分含量将成倍上升。为尽可能接近实际排放情况,本文采用各阶段标准上限。

表6-14 2009年上海市私人小汽车污染物排放总量(吨)

污染物	GB14761—93 标准车辆排放量	国家一级标准车辆排放量	国家二级标准车辆排放量	国家三级标准车辆排放量	国家四级标准车辆排放量	总排放量
CO	2 211.91	10 837.66	17 953.11	23 454.09	4 262.56	58 719.33
$C_xH_y + NO_x$	983.07	2 670.15	2 513.44	2 246.56	507.00	8 920.22

根据国家发展计划委员会、财政部、国家环境保护总局、国家经济贸易委员会2003年7月1日的《排污费征收标准管理办法》中的第三条第二款:"对向大气排放污染物的,按照排放污染物的种类、数量计征废气排污费。"虽然办法规定"对机动车、飞机、船舶等流动污染源暂不征收废气排污费",但是其环境污染的外部成本是客观存在的,本文仍参照《排污费征收标准及计算方法》进行计算:"废气排污费按排污者排放污染物的种类、数量以污染当量计算征收,每一污染当量①征收标准为0.6元"②,得出:2009年,上海市私人小汽车应为其污染物排放支付但未付4 058.37万元。

除了有害气体之外,汽车排放的二氧化碳量已成为国际社会日益关注的焦点。二氧化碳因其对地球气候的影响而被纳入"有害气体"之列,限制温室气体排放已被提上大多数国家的议事日程。随着对于二氧化碳排放的国际协调与合作广泛深入地开展,各国已纷纷产生了温室气体排放交易市场,2008年全球碳交易市场价值达1 263.5亿美元,同比上升了100.6%。据世界银行测算,发达国家购买温室气体排放额度的需求为每年2亿至4亿吨,每吨的价格在15—20欧元,最高时甚至达25欧元。在占据全球碳交易85%以上的欧盟碳交易市场,2008年的价格达到23欧元/吨③。

中国作为发展中国家,尚处于温室气体排放豁免期,但二氧化碳排放的成本可参照相关交易价格确定。据相关资料显示,由于不断压缩

① 此处的每一当量指每千克。

② 自2003年以来,排污费的收费标准没有调整过,事实上已无法反映污染的真实成本,得出结果偏低。

③ http://www.ce.cn/cysc/ny/hgny/200912/13/t20091213_19943528.shtml

排放额度,导致交易价格不断上涨。本书以每吨 23 欧元计价,2009 年人民币兑欧元年平均中间价为 1 欧元兑 9.527 0 元,折合人民币约219.12 元/吨。

汽油的主要成分是 C 和 H,其中的 C 原子除了不到 1% 因不充分燃烧转化为 CO,其余都转化为 CO_2。93 号汽油的碳氢比为 CH 1.85[①],密度为 0.735g/ml,如按照每百公里耗油 10 l,尾气排放为国 I 标准的假设计算,每公里 CO_2 排放为 200 g。结合汽车数量与行驶里程,2009 年上海市私人小汽车应为其二氧化碳排放支付但未付 51 616.08 万元。

因此,2009 年上海市私人小汽车污染气体与二氧化碳排放的成本之和为 55 674.45 万元。

三、环境成本的实证分析——噪音污染

(一)上海市道路交通噪音污染状况

我国城市道路发展的初始阶段,交通流量相对较少,道路交通噪声没有引起人们的重视。随着道路交通流量的迅猛增长与城市车流量的急剧增加,随之而来的城市道路交通噪声污染越来越严重,在许多城市已经开始影响人们的正常生活与工作。上海市的道路数量与车流量均居全国城市前列,道路交通噪音污染十分严重。

表 6-15　上海市主要年份噪声环境质量

指　　标	2000	2004	2009
区域环境噪声平均等效声级			
昼间时段(dB)	56.6	56.5	54.9
夜间时段(dB)	49.2	49.1	47.8
交通环境噪声平均等效声级			
昼间时段(dB)	70.5	72.3	69.8
夜间时段(dB)	64.1	66.2	64.4

资料来源:2009 上海统计年鉴

[①]　国家环境保护总局《轻型汽车污染物排放限值及测量方法(中国Ⅲ、Ⅳ阶段)》,2007年 7 月 1 日。

根据国家环保总局 1993 年发布实施的《城市区域环境噪声标准——GB3096—93》,2009 年,上海市的区域环境噪声勉强符合一类标准,即适用于居住、商业、工业混杂区。而本文重点关注的交通环境噪声的水平较高,昼间时段接近 70dB,夜间时段接近 65dB,均达到或超过了国家适用于城市中的道路交通干线和道路两侧区域的四类标准——昼间时段 70dB,夜间时段 55dB 的上限,尤其是夜间时段超出标准上限的程度很大。

(二) 道路交通噪音污染社会成本实证研究方法选择

与尾气污染不同,噪声污染是一种能量污染,属于物理污染的范畴,相对于空气污染更具有可感受性、局部性和暂时性的特点。噪声污染的这些特点决定了其损失的研究方法的特殊性。

与尾气污染一样,噪声污染的损害由于难以分离、难以从生理角度完全恢复,因此,本书认为其不适用特征价格法与重置价格法进行全面的计量。而环境污染实证分析方法中的显示偏好法与预防支出法相对比较合适。事实上,如上文所述,多数相关的实证研究文献均使用了这两种方法。

Planco 在 1990 年比较了德国陆地交通噪声成本方面的一些研究成果,充分显示了使用不同方法进行外部成本计算对结果的影响[①]:

预防支出法(55dB 标准):17 亿马克;

预防支出法(45dB 标准):100 亿马克;

支付意愿法:180 亿马克。

邓欣等采用了特征价格法和预防支出法对北京市 2000 年的噪音污染成本进行了估算。按照特征价格法计算出的机动车相关噪音造成的外部成本合计达 1.84 亿美元,占北京市 GDP 的 0.615%。而通过后者估算出安装双层玻璃的成本为 0.91 亿美元,占当年 GDP 的 0.31%,大约是前者估算数额的一半。

可见,在研究噪音的外部成本方面,预防支出法是相对特征价格

---

① 见欧洲运输部长联合会、经济合作与发展组织《交通社会成本的内部化》,中国环境科学出版社 1996 年版,第 41－42 页。

法、支付意愿法等而言较为保守的实证研究方法,得出的经济损失比后两者小一半或一半以上。此外,本书限于对于上海市受到噪声影响房地产总量的统计数据,无法通过显示偏好法得出确切的经济损失总额。因此,从理论和实践上来说,合理的预防支出法是相对最合适的研究方法。本文考虑采用预防支出法对上海市私人小汽车噪音的外部成本进行实证研究。

交通噪声防治措施可以分为两大类:积极防治与消极防治。积极防治主要针对交通噪声源,如低噪声车辆的研制开发、低噪声路面的设计建造等。消极防治则主要考虑如何控制交通噪声的传播途径,使其影响最小化,如声屏障的建设、绿化带的设计、隔声窗的安装等。

对噪声源的控制是最根本、最直接的措施。主要途径有降低发动机噪声与修建低噪声路面,以减小轮胎与路面接触噪声。但这两种方法相对消极防治的方法而言,成本比较高:减小发动机噪声的方法有改进发动机相关结构、安装发动机罩壳等。估计每降低 1 分贝,这个费用就要占车辆价格的 1%[1]。而随着行驶速度的提高,轮胎噪声在汽车产生的噪声中的比例越来越大。一般说来,当车速超过50km/h时,轮胎与路面接触产生的噪声,就超过发动机噪声,成为交通噪声的主要组成部分。上海的内环高架、中环等道路横穿人口密集的市中心,行车速度大多在 80km/h 以上,这样对沿线周围环境的影响就非常严重。因此修建低噪声路面就很有意义。低噪声路面是在普通的沥青路面或水泥混凝土路面或其他路面结构层上铺筑一层具有很高孔隙率的沥青稳定碎石混合料,其孔隙率通常在 15%—25%,有的甚至高达 30%。根据表面层厚度、使用时间、使用条件及养护状况的不同,与普通的沥青混凝土路面相比,此种路面可降低道路噪声 3—8dB[2]。当然,这样的公路的制造成本和养护费用也是比较高的,是普通混凝土路面公路的 2 倍左右。

---

① ［法］皮埃尔·梅兰《城市交通》,商务印书馆 1996 年版。
② 见戴泉玉《声屏障在城市交通噪声污染防治中的应用前景分析》,《交通节能与环保》2007 年第 6 期。

虽然噪声污染预防支出法中的积极防治法是最直接有效的防治途径,但就目前的技术情况而言,防止成本仍然较高,尚不能客观真实地反映道路交通噪声的实际损害,因此各国的学者在这一领域的研究基本不采用积极防治法。我国在该领域尚处于发展初期,更加缺乏客观科学的统计数据,因此本书不予采用该方法。

控制交通噪声的传播途径的消极防治法也有多种选择:

建造声屏障是常用的降低道路交通噪声的重要设施,它对距道路 200m 范围内的受声点有非常好的降噪效果。在城市内的敏感区或交通干线某些路段设立声屏障,将切断噪声的传播途径,减少交通噪声对道路两侧的影响。一个合理的声屏障可以对处于原噪声影响区域的受声点降噪 5—15dB。而且,近年来科学家们针对声屏障自身的缺陷[①],从材料开发、外形设计等方面进行了相应的改进,使其更好地发挥降低交通噪声作用,同时也能够符合城市发展的要求。

种植绿化带既能隔声,又能防尘、美化环境、调节气候。在绿化空间,当声能投射到树叶上时被反射到各个方向,叶片之间多次反射使声能转变为动能和热能,噪声被减弱或消失了。但通过国内外的多次实验,其降噪效果并不显著:高度高过视线 4.5m 以上的稠密树林,其深入 30m 可降噪 5dB,深入 60m 可降噪 10dB。但对于城市道路,由于空间和用地限制,种植林带不切实际[②]。

对临近道路的建筑的窗户安装隔声窗具有明显的降噪效果,研究证明可以降低噪声 12—20dB。但安装隔声窗最大的缺陷是直接影响了建筑物的通风,给居民的生活带来了不便,进而会造成空调使用等额外的能源消耗。

通过对以上几种交通噪声降噪措施的分析可以看出,各种消极

---

① 对于高层住宅,由于声屏障高度的限制,其作用将明显减少;此外,声屏障要起作用必须有足够高和长来挡住道路的声源,因此,高大、单调的声屏障会破坏城市景观,给人们造成心理上的压抑感。

② 见顾九春、石建军《城市道路交通噪声的防治分析》,《交通环保》2003 年第 24 卷,第 6 期。

降噪技术各有千秋,发挥作用的条件和成本也各不相同。种植绿化带在实际操作中因受限于城市土地而不可行,安装隔声窗的研究方法又限于受噪声影响房地产总量的统计数据,而就目前国内经济发展状况、城市规划布局现状来看,建造声屏障是其中应用前景最好的一种措施。声屏障占用城市用地较少、造价较低、降噪效果较好。因此,在目前很难大幅度降低交通噪声源,同时在缺乏十分有效的降噪措施的情况下,声屏障不失为一种比较理想的措施。本文采用建造声屏障的预防支出法对上海市私人小汽车的道路交通噪音的外部成本进行实证研究。

(三) 道路交通噪音污染社会成本实证研究

一些发达国家 20 世纪 60 年代就开始研究公路声屏障技术[1],到七八十年代已在声屏障的设计和施工方面进行了深入研究和大量实践,积累了丰富的经验。1983 年日本城市中高速公路声屏障设置率高达 80%;到 1986 年,美国已投入约 3 亿美元,修建公路声屏障约 720km。德国早在 1974 年就颁布污染防治法,要求在公路选线时,极力避免对周围环境产生有害影响。如找不到更有利的公路路线,则要修建声屏障。到 1987 年,其修建的公路声屏障总长度已达到五百多 km。

城市道路两侧的声屏障可分为吸声式和反射式两种。吸声式主要采用多孔吸声材料来降低噪音;反射式声屏障主要是对噪声声波的传播进行漫反射,使受保护区域噪声降低。目前效果较好的产品可以将两者相结合,既有吸声屏板又有反射屏板,降噪性能好,而且屏板透明,景观效果与周围环境相协调。这样的声屏障的造价要高于普通只起隔挡反射作用的防噪屏,约为 900 元/m^2。

一般情况下,支路的机动车道较少、车流量较小,且在使用上采用非机动车与行人优先、货车限制的方式,特别是实施了鸣喇叭管制之后,道路交通噪声超标的可能性较小。因此,使用预防支出法研究上海市道路交通噪声污染的外部成本的对象为快速路、主干路和次干路两侧的声屏障的建设成本。

---

[1] 见顾九春、石建军《城市道路交通噪声的防治分析》,《交通环保》2003 年第 24 卷,第 6 期。

表 6 - 16   上海中心城道路分布表

级　别	快速路(km)	主干路(km)	次干路(km)	支路(km)	总计(km)
2004	200	350	500	1 300	2 350
2010	300	525	760	2 015	3 600

　　资料来源:陆锡明《上海交通发展规划》2005.7;陆锡明等《上海市综合交通发展战略分析与预测评估》,上海市城市综合交通规划研究所,2006。

　　利用上海市中心城道路分布 2010 年的数据进行计算,按 10 年的折旧时间进行计算,如表 6 - 16 所示。

表 6 - 17　上海市中心城噪声超标道路安装声屏障成本

道路长度	声屏障高度	声屏障总面积	声屏障单位面积成本	总成本	年均成本
1 585km	4m	6 340 000m²	900 元/m²	57.06 亿元	5.71 亿元

　　根据表 6 - 17 的计算,上海市中心城道路交通噪声污染的外部成本为每年 5.71 亿元,私人小汽车的贡献率需要进一步通过其与其他机动车的噪声与交通量的比较来获得。根据以下综合交通调查的成果[1],可得出包括私人小汽车在内的社会客车与其他机动车的行驶里程比例。

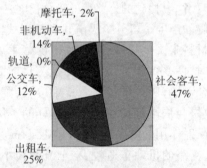

图 6 - 4　上海市中心城(客运)道路交通量(车公里)构成[2]

---

　　① 由于 2009 年的第四次综合交通调查未能提供相应数据,本文采用 2004 年第三次综合交通调查的数据。考虑到近年来私人小汽车消费比例上升的情况,实际外部成本大于本文所计算出的外部成本。

　　② 由于 2009 年的第四次综合交通调查未能提供相应数据,本文采用 2004 年第三次综合交通调查的数据。

由于非机动车基本不产生噪音,而摩托车的交通量相对较小,且较少在快速路与干道上行驶,因此在这里不纳入比较。又全市客运交通工具产生的交通量占道路交通量的 72.7% ,可得表 6 – 18。

表 6 – 18 上海市各类汽车行驶里程比

车辆类型	社会客车	社会货车	公交车	出租车
行驶里程比	34.2	27.3	8.7	18

国家环保总局 2002 年发布了《汽车加速行驶车外噪声限值及测量方法》,并于年底实施,该标准的噪声限值替代了 1979 年实施的《机动车辆允许噪声》(GB1495—79),该标准规定了各类汽车的噪声限值,相对应的音量比可由此计算得出:

表 6 – 19 各类汽车噪声比较

车辆类型	社会客车	社会货车	公交车	出租车
噪声上限	77	88	85	77
噪声音量比(从听觉感受角度)	77	88	85	77

由表 6 – 18、6 – 19 综合可得各类汽车的噪声污染贡献率,如图6 – 18所示。

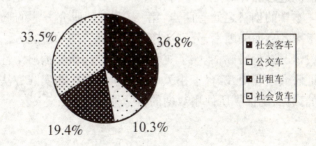

图 6 – 5 上海市中心城道路交通噪声污染构成

可见,社会客车的噪声污染占道路交通噪声污染的 36.8%。由于私人小汽车占社会客车数量的 64.7%,如假设社会客车出行特征一致,则私人小汽车的道路交通噪声污染贡献率为 23.8%。进而,其相关外部成本为 5.71 亿×23.8% = 1.36 亿元。

第三节　本章小结

本章从理论和实证的角度分别考察私人小汽车消费过程中的环境污染与能源消耗引起的外部成本,并分别得出结论:2009 年,上海市私车空气污染外部成本为 5.57 亿元,中心城噪音污染外部成本为 1.36 亿元。

本章第一节对私人小汽车的环境与能源社会成本从理论角度进行了研究,分别对私车从空气和噪音污染两方面对环境的破坏及已经和可能产生的后果进行分析。针对第一节分析的两大类外部成本,第二节以上海为例,分别进行了相关的实证研究与测算,并得出相应的货币化成本:通过对各种实证研究方法的比较分析,本文对空气污染外部成本部分实证研究采用替代市场法,噪音污染外部成本部分采用预防支出法,并结合相关统计数据和国家标准对上海市相关情况进行测算。

本章的创新之处有两点:第一,在实证研究方法的选择方面,综合考虑各方面的因素,分别选择了相对最合适的研究方法,对上海市相关情况进行研究,兼顾了实际可操作性与研究的科学性。第二,在实证研究过程中,综合了相关工程学科的理论与实践方法,测算出相关的数据,确保了所使用数据的科学性、真实性。

第七章　我国城市私人小汽车外部成本内部化的政策选择

　　本书通过第二章至第六章的分析,认为:由于私人小汽车消费缺乏相关市场机制,主要在购买行为、土地使用、交通拥挤(包括交通事故)、环境污染方面存在外部成本,因此,其社会成本远远大于其私人成本。通过上述章节中对上海地区的实证研究,将上述除购买行为之外的外部成本分别量化,为相关政策的制定与实施提供了较充分的理论与实践的根据。

　　本章将对前文的研究结果进行整理与比较,总结出以上海市为代表的中国城市私人小汽车外部成本的总体状况与特征,随后针对上述结论,探讨相应的政策选择,尝试构建我国城市私人小汽车外部成本内部化的管理制度,并根据实证研究的结果提出相应的具体政策。

第一节　上海市私人小汽车消费的外部成本——回顾与总结

　　表7-1对本书第二章至第六章的实证分析结果进行了全面的总结,从性质与数量角度反映了上海市私人小汽车各方面外部成本现状。

表 7 - 1　上海市私人小汽车消费外部成本总览①

项目		研究方法	假设与说明	研究区域与时间	结　论		
					年均外部成本	占研究区域当年GDP比例	单位行驶里程成本
消费(购买)外部成本		问卷调研	研究个人效用受他人购车行为影响程度	上海市(2009)	接近 2/3 居民的满意度受到影响。其中,高学历者、企业职员或管理人员,未婚者、高收入者分别比对应人群受到更大的影响。		
占用公共资源	土地使用成本	市场比较法	假设各类汽车全市均匀分布	上海市(2009)	134.39亿元(比2005年增长456.94%)	0.89%	1.14元
	道路及相关公共服务设施	直接计算	假设各类汽车全市均匀分布	上海市(2009)	0(与2005年相同)	0	0
土地使用	分隔效应	消除影响法	假设只对行人产生分隔效应。使用35年折旧时同计算。假设立体设施过街,且各一律平均处过街均分布。	上海市中心城(2010)	1.86亿元(比2004年增长56.30%)	N/A	N/A
	视觉侵扰	专业机构采访与社会调研相结合	研究交通干道的相关影响	上海市(2009)	交通干道旁房产价格总量(P)的0.6%	P(亿元)*0.6%/15046.45	P(亿元)*0.6%/117.78

① 笔者运用同样的方法,结合 2004 年上海综合交通调查报告与相关统计资料,计算出之前年份的外部成本与现状进行比较,以期揭示在目前政策下私人小汽车消费外部成本的变化趋势。相关数据与资料备索。

（续表）

项目		研究方法	假设与说明	研究区域与时间	年均外部成本	结论	
						占研究区域当年GDP比例	单位行驶里程成本
土地使用	视觉侵扰		始终选择保守的方法,综合采用专业机构提供的房产价格差		（2008年为交通干道沿房产价格总量的0.58%）		
拥挤	额外耗时	机会成本法	在假设私人小汽车造成交通拥堵现状的基础上研究其他交通方式的时间损失。①	上海市中心城（2009）	115.65亿元（比2005年增长83.34%）	N/A	N/A
	交通事故	直接计算	未计算事故受伤人员相关损失	上海市（2009）	4.74亿元（比2005年增长241.01%）	0.03%	0.04元
环境污染	空气污染	替代市场法	假设平均耗油量为10公里/升	上海市（2009）	5.57亿元（比2005年增长202.72%）	0.04%	0.05元
	噪音污染	预防支出法（建造声屏障）	使用10年折旧同计算	上海市中心城（2010）	1.36亿元（比2004年增长51.11%）	N/A	N/A

① 除此假设外,现实中的交通拥挤还要复杂很多。相当多的交通拥挤是由意外事故,如交通事故、公路维修、车辆抛锚以及出行者不遵守交通规则引起的。本文均不考虑这些可能性。

通过表7-1可以从实证角度得出以下主要结论:

首先,虽然没有能够对私人小汽车消费行为的负外部性进行定量分析,但所得结论证实了该外部成本的存在:正如 Leibenstein 所指出的,私人小汽车消费并不是单纯的功能性消费,因而会产生一定的"从众效应",即消费者跟随潮流,他人消费越多,自己的购买欲望就越强,从购买中得到的效用就越大,因而会导致未消费一方相对效用和绝对效用的同时下降,从而验证了相关消费理论。

第二,城市土地的使用成本、拥挤成本等类别的外部成本占我国城市私人小汽车消费外部成本的较大比例。环境污染、交通的分隔效应与视觉侵扰等方面的外部成本相对比例与数量较小,也是不可忽视的相关外部成本,直接对城市居民的日常生活与健康水平产生持续负面的影响。

第三,在目前的政策条件下,随着经济的不断发展,土地价格上升、人们的收入增加,私人小汽车使用过程中的各类外部成本大幅上升,需要通过具有不同针对性的政策进行管理。而这些政策的目标是一致的:使私人小汽车外部成本内部化。

本章第二节分析外部成本的管理思想与目前为各国所采用的相关管理方法、手段及效果。第三节结合第一节的分析结果与第二节的管理方法,从购买环节与使用环节分别分析探讨我国城市私人小汽车外部成本内部化的政策选择与制度框架,从而对私车消费进行更有效的管理与引导。

第二节　私人小汽车外部成本的管理方法

一、外部成本管理目标

由于人类趋利的主动性和积极性,人们会主动将原来存在的外部效益(由正外部性产生)逐步自发地实现内部化,充分享受各种经济活动的利益,但对外部成本(由负外部性产生)却很难发生这种自动的内部化过程,如果没有这方面政策的管理与约束,将造成效率与公平的问题。

对外部成本管理的目标在于使其内部化,通过让经济活动主体更多地意识到并承担起他们的行为所产生的全部成本,从而让那些受到负外部性影响的人们不再受到影响或得到相应的补偿,最终令资源得到更有效的利用。

对外部成本的管理方法,本文将其分为两类:价格管理与数量管理。在实际运用中,往往采取两种手段相结合的做法。

二、外部成本管理方法——价格管理

价格管理的思路与方法从其字面上就得到了体现:通过改变相关生产与消费的价格来达到调控的目的。这里,是指通过提高产生外部成本的生产或消费活动的成本,以令其私人成本与社会成本相一致。同时,由于价格,即生产或消费活动成本的上升,该活动在一定程度上自然会有所减少。

价格管理又通过两种途径得以实现:"政府规制"与"市场手段"。Pigou 和 Coase 分别从这两个角度开创了外部成本内部化的理论体系,他们的思想在实际操作中得到了广泛的运用,分别主要体现为直接税费征收与外部成本交易。

正如本书第二章分析的,Pigou 认为:既然在边际私人成本与边际社会成本相背离的情况下,依靠自由竞争是不可能达到社会福利最大化的,即会产生"市场失灵",就应该由政府采取适当的经济政策,消除这种背离的情况。以 Pigou 为代表的一批经济学家认为:应该通过国家干预,采取税收和补贴等方法解决外部性问题。"谁收益,谁投资"与"谁污染,谁治理"便是该思想在经济活动中应用的鲜活的例证。

40 年后,以 Coase 为代表的新制度经济学家从一个全新的角度揭示了"市场失灵"的原因。他们认为所谓市场失灵,并非是市场机制的真正失败,而是由于产权界定不清晰带来高昂交易成本的结果。新制度经济学家们从产权安排和产权效率这个角度提出了如何将外部性内部化的主张。笔者认为这是对传统福利经济学的补充,而非修正。在交易成本较低的情况下,该方法通过市场机制的作用能更好地体现外部边际成本。"排污权交易"便是 Coase 定理在实际中的成功运用。政府通过明晰容量资源的产权,并允许许可证转让,使排污权成为有价值的资产。企业则充分利用掌握的信息,选择对自己最有利的达标方式,把减排节省下来的排污权在市场上出售获得经济回报,努力实现资产价值的最大化。这样既符合政府改善环境质量的目标,也符合企业实现股东权益最大化的目标。因此,排污权交易在各国都得到了认可,在有条件的国家得到了广泛的实施。

价格管理的关键问题在于完全信息的假设在实际操作中是很难达到的境界。Weitzman 认为:当环境管理部门不知道边际控制成本(即污染企业边际成本)和边际损害成本信息的时候,排污税的有效性取决于两条曲线的形状,以及预期成本和实际成本的偏离程度。由于边际控制成本为企业的私人信息,管理部门只能进行预期,其偏差越大,实际控制量的偏差就越大。因此,管理者需要尽可能准确地对污染企业边际成本和边际损害成本进行动态测算。

三、外部成本管理方法——数量管理

如果说价格管理方法是政府以效率和社会公平为目标,运用经济手段将外部成本内部化的话,那么数量管理方法就是政府凭借行政权力作出并执行的直接干预市场机制和改变生产与消费者供需决策的一般规则或特殊行动。政府通过行政命令的手段,制定损害的数量标准,并适时进行监控,从而将相关损害控制在合适的范围。与价格管理中的"排污权交易"一样,数量管理的理论基础是环境这一公共产品的非市场提供,其本质是政府利用行政手段配置资源,直接干预经济。

具体到环境问题,政府通常采取为各个污染企业制定排放标准和设备标准,并适时监控各污染企业的行为,对超量排污或未达标企业采取罚款、停业整顿直至关闭等一系列处罚措施。

假设政府掌握各企业的边际成本 MEC_x、公众在污染下的边际损失 MPC,各企业掌握污染与生产的关系,对污染的数量管制机制可由图 7-1 解释。

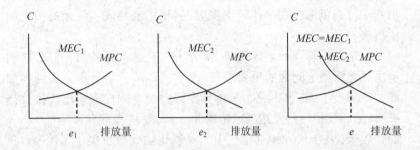

图 7 - 1　政府数量管理原理

如图 7 - 1,简化假设污染企业数量为 2,政府通过对各企业边际成本曲线加总得出的 MEC 与公众边际损失 MPC,交点 e 对应的排放量为最优污染水平。政府以 e_1、e_2 向各个污染企业分配排放标准,即 $e_1 + e_2 = e$。生产企业根据自己的生产函数最终确定最优产量。

除了直接监控外,政府解决环境污染问题还有两个补充手段:押金退还制度和绩效债券。押金退还制度规定:潜在污染性产品的消费者须预先支付一笔费用,当他们把污染性产品或其包装物送回到回收中心时,再将这笔费用退还。而绩效债券是一种直接促使生产者采用社会所希望的方式进行生产的治理机制,在该制度下,生产者在生产开始时缴纳一笔债券基金,如果它的污染超过标准,那么这笔基金将被主管部门没收。这两种补充手段,从经济角度和监管角度来说都是对污染标准有效的具体管理途径。

从理论上看,政府直接的数量管理在一定程度上具有价格管理所不具备的优势:首先,政府能视为公众利益的代表,兼顾社会各种目标,尽可能解决经济发展过程中经济增长与环境保护的矛盾,能更直接有效地达到目的。当然,以布坎南为代表的公共选择学派对此提出强烈的质疑,但在健全的体制下,政府公众利益代表的地位还是可以被认同的。其次,政府管制有利于交易成本的节约。如果任凭市场机制起作用,污染企业将面临与数以万计的居民谈判交易的情况,且难以避免的搭便车情况将使任何有意义的谈判结果无效。如果由政府出面,为污染企业制定标准,则可以减少高昂的交易成本。虽然不可避免地存在一些效率损失,但相比谈判成本带来的损失则小得多。

由于数量管理的上述优势,该方法一直是世界各国普遍采用的解决环境污染等问题的重要手段,汽车的环境污染管理方面同样如此。1966 年 9 月,日本颁布了世界上第一个全国性汽车尾气排放标准法,随后其他一些发达国家也纷纷立法,限制汽车有害尾气中 SO_2 的排放量,70 年代开始对尾气中的氮氧化物含量也提出了限制。我国也于 1983 年制定了汽车尾气排放标准和测量方法,规定了不同车辆的排放限额,并加强了新生产车辆排放污染物的控制。

但是,相比较价格管理,数量管理存在一个较大的不足:只要产生外部成本一方达到监管者规定的标准,就没有进一步主动减少外部成本的动力。尤其在荆轮效应的作用下,这方面的动力就更小了。因此,管理者需要根据各方面的情况对其制定的数量标准进行动态的更新。

四、外部成本管理过程与结果

从理论分析的角度来看,最优的价格管理是令边际私人成本与边际社会成本相等,通过征收 $P = MSP - MPC$,从而达到 $MPC' = MPC + P = MSP$。而最优的数量管理的结果是达到 MPC 所对应的生产或消费水平。但这仅仅是一般静态分析的最优解,在动态的现实经济活动中,对产生外部成本行为征税或管制的最佳水平并不等于它最初造成的边际净损失,而是等于这种行为被矫正到最优状态以后它所造成的边际净损失。这令最佳的管理变得十分困难,因为外部成本的制造者对相关经济环境的变化必然会做出反应,而相应的弹性难以通过理论或实证研究获得,因而难以计量新的外部性状况。

对于数量管理来说,可以通过估量社会对外部成本的容忍程度,并通过政府法令的强制力令最终的活动水平一步到位,因此管理过程相对简单、直接,管理结果比较容易考量。而对价格管理而言,根据上述分析,最终的活动水平与总的外部成本难以完全确定,因此,在价格政策制定过程中,也没有绝对的最优,而应对当前的净损失建立一套税收与补贴政策。根据该政策,当活动水平与该活动造成的损害相对于当前的税收规模作出调整后,税收本身也应根据新的损害程度进行相应的调整。税收对活动水平及损害程度的影响是一个收敛的过程,经过不断的修正与调整,税收规模最后有可能接近最佳水平。这样的一个过程需要大量信息,且在整个工作进程的每一步都必须能够对上一步所取得的成绩进行评估,并且能够确定进一步改善现有状况的努力方向。

第三节　内部化的政策选择——购置环节

本书第三至六章分别从私人小汽车的购置与购置后的使用角度分析了相关负外部性。就购买后的使用环节而言,其实质上还包括了对汽车本身之外的可用资源的耗用,如燃油、环境、土地、道路等。且事实上,一些国家,特别是发达国家针对汽车的税收则分为三个环节:购置环节、保有环节与使用环节。基于上述理论逻辑与实践操作的考虑,本节分析的内部化政策将根据本章第二节的管理方法与原则,并结合我国目前的相关政策,分别从私车购买环节与使用环节进行分析与选择。

一、私人小汽车消费税的经济分析

（一）消费税的理论基础

在西方财政税收思想发展史上,关于消费税的论述较早见于重商主义者的著作①。英国 17 世纪的哲学家 Thomas Hobbes 从税收利益说与社会经济发展的角度出发,认为对财富征税是件坏事,因为这样做不利于社会财富的积累。最好是向消费征税,以制止私人的挥霍浪费。他的学说中,税收利益说体现了消费税的公平,而对经济发展的重视体现了消费税的效率,这对之后的税收理论产生了深刻的

_____

①　见朱为群《消费课税的经济分析》,上海财经大学出版社 2001 年版,第 55 页。该著作对消费税思想作了系统详尽的梳理与分析。

影响。

英国资产阶级古典经济学先驱威廉·配第进一步分析了对最终消费品课税的好处，如公平、避免重复征税等。他特别指出：消费税的课税对象，应该根据统一的、综合的反映每个人的收入或支出能力来确定。这一观点为消费税率的差别化提供了理论依据。

大名鼎鼎的亚当·斯密更是直接指出了对奢侈品和必需品区别纳税的必要性，认为要对奢侈品征高税。斯密学说在法国的继承者和传播者萨伊提出的著名的税收五原则中，便有一条："税收应当有利于提高国民道德，即有利于普及社会有用或有益的习惯。"显然，奢侈品消费这一非生产性支出并不于社会有用，对其征税则有利于促进社会财富积累，有利于遏制挥霍，"普及社会有用或有益的习惯"。

消费税的思想不但在古典经济学中得到了较为充分的体现，在现代各流派的经济学中也得到了进一步的发展和完善。总的来说，对消费税特点的论述主要有三个方面[①]，在有利于财富积累与符合征收简便的税收原则之外，还特别主张对不同的消费品区别对待。古典经济学家都赞成对奢侈品课征重税，对生活必需品免税或课征轻税。他们认为：这样的税收制度是符合公平原则的，而且同时又不会造成对基本积累的侵蚀。这便是选择性消费税的理论基础。

综上，财税思想史对消费税的征收依据主要在于特殊消费品对社会财富的侵蚀。而本文对私人小汽车的论述并没有强调其消费的挥霍，而是从其消费对他人带来的效用损失角度进行分析。从经济思想与经济理论发展的轨迹来看，这两个角度并非互不相关。实质上，后者是对前者的延续与发展。强调奢侈品消费征税，以促进社会财富积累与经济发展的热烈讨论主要集中在16、17世纪，这一时期是资本主义经济逐步发展的阶段，当时的主要经济问题是如何加速资本的积累，促进经济的持续增长。随着经济的发展，资本积累已不再是资本主义经济的首要任务。经济发展过程中，资本主义国家阶级矛盾和社会经济矛盾日益尖锐，直接导致了以效用为基础来评价

---

① 见朱为群《消费课税的经济分析》，上海财经大学出版社2001年版，第57页。

社会成就的福利经济学的诞生。第一次世界大战后,贫富悬殊的社会问题变得更为尖锐,因而出现以建立社会福利为目标的研究趋向。福利经济学的兴起令人们更多地关注社会整体的福利,这便与个人的效用直接相关。因此,如果说从古典经济学角度对私人小汽车征消费税是对挥霍财富的惩罚的话,从福利经济学角度来说,这是社会的帕累托改进。

(二) 消费税的选择

消费税的经济思想为私人小汽车消费税的征收提供了充分的依据,而税率的确定则需要根据其对效用损害的程度而定。此外,税收负担也是对私人小汽车征收消费税需要考虑的重要因素,它从客观经济运行的角度支持了该税收的实施。

如本书第三章所分析的,私人小汽车的消费者既需要其使用价值,又需要其市场价值所体现出的身份与地位,因此是一种混合商品,也称混合钻石商品(mixed diamond goods)。与之相比,纯钻石商品的消费者看中的并不是该商品本身,而完全是其市场价值。因此,钻石商品的价格变动对它本身的以实际价值计算的消费额和其他所有商品的消费数量没有影响,对消费者的效用水平也没有影响。即纯钻石商品的需求曲线是一条弹性处处为1的矩形双曲线。而混合商品介于纯钻石商品与普通商品之间,其需求曲线弹性也介于两类商品之间。

黄有光根据钻石商品的上述特性,提出:最优的税收政策是对钻石商品课以任意高的税,因为这种税既不会造成负担,也不会造成超额负担。鉴于现实中的实施条件,实际操作中可对钻石商品征收尽可能高而不是无限高的税。该税收政策对经济效率不会产生任何负面影响,而对混合商品而言,由于消费弹性小于1,其价格的变动对其自身和其他商品的消费量会产生一定的影响,因此对其课以消费税会产生一定的负担。由于各种混合商品用途中的消费功能与价值功能不同,其消费弹性也不同。价值功能占比越大,消费弹性越接近1。因此,在税收负担固定的前提下,价值功能越大,可对该商品征收的税越高,从而达到相同的帕累托改进。

随着汽车成本的下降与人们收入的增加,私人汽车的位置在纯钻石商品与普通商品之间向后者渐渐移动,其消费弹性渐渐下降。在不同的国家和地区,私人汽车的位置也有所不同。一般来说,国家经济实力越强,私人汽车越接近于普通商品。从税收负担角度来看,国家经济实力越强,对私人汽车购置征收消费税所产生的税收负担越大。因此,发达国家对汽车购置一般征轻税,美国有的州干脆不收购置税,最多的州也仅收 6%。而从效用损失的角度来看,绝大多数人都有能力支付汽车的发达国家的相关损失自然要小于购买力相对较低的国家,因此,后者征税的范围与税率必然在前者之上。同样的逻辑应用于私人小汽车的分级税率中。因此,根据我国的经济发展情况,对私人小汽车应征收消费税,且税率随车型升级而上升。

我国在这方面已经制定了合理的政策,一直都征收小汽车消费税,且税率随排量递增。2008 年 8 月 13 日,国家财政局、税务总局又发通知,决定从 2008 年 9 月 1 日起,增加大排量汽车消费税,下调小排量汽车消费税。

表 7-2　我国最近一次小汽车消费税率调整情况

车　　型	2006 年 4 月 1 日税率	2008 年 9 月 1 日税率	调整幅度
排量 4.0l(含)以上	20%	40%	上调 20%
排量 3.0l 至 4.0l	15%	25%	上调 10%
排量 2.5l 至 3.0l(含)	12%	12%	不变
排量 2.0l 至 2.5l(含)	9%	9%	不变
排量 1.5l 至 2.0l(含)	5%	5%	不变
1.0l(含 1.0l)以下的乘用车	3%	1%	下调 2%

此次调整后的汽车消费税政策,体现出了各类车型的小汽车的商品性质,进一步改进了各类车型相关外部成本内部化的结构,同时达到在一定程度上抑制大排量汽车的生产和消费,鼓励小排量汽车的生产和消费的效果。这方面的政策同时需要根据国家经济发展状况与人民收入水平的变化进行适时的调整,从而获得尽可能大的帕累托改进,达到更好的管理效果。

二、私人小汽车牌照费的经济分析

(一) 牌照费的理论基础

相对我国其他地区,上海市在私人小汽车管理方面有一种特殊的政策——牌照费,上海市的私人汽车需要为它的上海牌照支付数万元的费用。相对于消费税的价格管理理念,牌照费同时体现了价格管理与数量管理的理念。一方面,牌照费大大增加了私车的购置成本,一定程度上降低了属于混合商品的私车消费量;另一方面,上海市政府严格控制了私车牌照的投放量,目的在于控制上海市的私人小汽车保有量。通过牌照费的实施,既达到了通过价格手段内部化部分外部成本的效果,又通过数量管理避免了价格手段对总量控制无效的不足,对私车保有量进行了有效的控制。从理论上来说,这种管理手段能够较好地达到上海市政府所希望看到的"控制机动车数量增长过快,缓解道路交通拥堵状况"的目的。

一些发达国家和地区,如新加坡、丹麦、挪威以及中国香港等都对汽车征收牌照费,实践证明这是目前解决交通拥堵问题的最有效的方法之一,且可以筹集一定的资金用于交通基础设施建设及公共交通建设。新加坡对汽车牌照的管理尤其严格,政府每年拍卖的汽车牌照数量是有限的,而且是有使用期限的(10 年)。这样,城市的汽车的保有量可以控制在一个常数。这就给城市的交通畅通提供了最根本的前提①。

然而,上海市车牌从 1986 年诞生之日起,就始终伴随着各种争议。特别是在 2004 年 5、6 月《道路交通安全法》和《汽车产业发展政策》先后颁布实施以后,更是引起了一场关于车牌拍卖的全国范围的大争论②。有人从法律的角度对该政策的合法性进行质疑,有人从政策实施角度对该政策在解决城市交通拥挤问题的有效性进行质疑,并认为车牌拍卖违反国家汽车产业发展政策。上海的牌照费何去何

---

① 见杨君昌《建议上海暂停投放公车私车牌照额度》。
② 见刘德吉《上海车牌拍卖的政策效应分析——基于公共政策视角》,《产业与科技论坛》2008 年第 7 卷,第 1 期。

从,下文将进行分析。

(二) 牌照费的选择

首先,从牌照费的征收效果来看,上海市并非能够真正有效缓解交通拥挤。这是因为牌照费控制的仅仅是汽车的保有量,对汽车的使用量却无能为力。而决定城市交通拥挤程度的不是汽车保有量,而是汽车的使用量。不仅如此,由于牌照费属于固定成本,购置汽车之后的使用量越大,则平均成本越低,因此该政策有鼓励消费者购置汽车后增加使用量的倾向。因此,即使有完善的牌照费征收体系,如果不辅之以适当的汽车使用环节的管理手段,虽然在一定程度上控制了机动车数量的增长,但却难以达到缓解道路交通拥堵状况的目的。此外,根据上海市政府表述的逻辑,控制机动车数量增长的最终目的也是为了缓解道路交通拥堵状况,而牌照费难以达到该目标。因此,应通过对私车使用环节的价格或数量管理来寻求更有效的治理途径。

其次,从牌照费的实施角度来看,具有一定的"先天不足",令上海市并非能够真正有效控制私车保有量。目前仅上海一市征收牌照费,而外地牌照的车辆可以以小得多的购置成本在上海享受基本相同的"待遇"①。由此,上海市高昂的上牌费令部分消费者选择异地上牌后在上海使用来规避该成本。目前,异地上牌在上海已逐渐形成产业链,随着牌照拍卖价格的一路走高而发展。据估计,常驻上海的外地牌照小汽车至少在 10 万辆以上。上海市政府曾采取过对滞留上海一个月以上的外牌车辆征收与上海牌照车辆一样的管理费等措施,但实际操作中的难度令该措施已"名存实亡"。这一现象除了使上海每年损失大量的养路费外,并没有缓解上海的交通拥堵问题。

此外,私车购置环节产生的外部成本可通过消费税内部化,因此不必要再通过牌照费调节。如针对同一类负外部性进行多重管理的话会抑制汽车工业的发展。我国内地的经济发展情况与新加坡、中国香港等地有所不同,汽车工业对经济增长的拉动作用是不可忽

---

① 除工作日高峰时间不能上城市快速路之外没有区别。

视的,对私车购置过度抑制在一定程度上并不利于国民经济的增长。在私车生产的经济增长贡献与私车使用的外部成本之间,我国可以借鉴发达国家目前汽车税费政策的一个特点——鼓励购买、抑制使用。在购置方面的外部成本内部化后不必进一步抑制汽车消费,而在汽车使用阶段征收较重的税费,从而达到调节购置与使用的目的。

第四节　内部化的政策选择——使用环节

通过本书第三至六章的分析,可以发现私人小汽车使用环节所产生的外部成本比购置环节要复杂得多,且数量巨大,不可忽视。对于这些不同类型的外部成本,需要分别根据其产生的原因与作用机理来选择合适的内部化政策。

一、征收燃油税

目前,我国汽油的价格大约是欧洲平均水平的1/3,这并非说明炼油企业的收入如此悬殊,而是因为这些国家的燃油价格中包含了高额的燃油税。燃油税在国外一般也称其为油税、汽车燃油税和燃油消费税等,它属于消费税中的一个类别,是具有使用费性质的消费税。各国开征燃油税的动因不尽相同,一般主要是为了进行收入分配、节约能源、环境保护、替代公路收费等。其中,用征收燃油税来替代公路收费,即"费改税",仍是很多国家普遍采用的方法[①]。

目前,世界发达国家已经普遍实施燃油税。其中英国税率是73%,日本税率是120%,欧盟各国的燃油税率更是普遍在200%以上,即占整个油价的70%到80%,如德国税率是260%,法国税率是300%,美国税率相对较低,对汽油征收30%的燃油税,这正如上文所述,各国征收燃油税的目的有所区别,美国不是像高税国家那样将所有公路使用税全部并入燃油税,其道路资金来源除燃油税外,还存在

---

① 见朱洪仁《燃油税开征的国际比较及我国的政策选择》,《财经研究》2000年第3期。

多种公路使用税。

虽然在本书的分析中,认为汽车已经完全承担其使用的道路及相关公共服务设施的成本,但这仅是理论角度的阐述,在收费实际操作过程中的不透明与不确定性、"多开少开一个价"的不公平以及对道路通行效率的降低已是不争的事实。因此,我国应该开征燃油税,将不透明的养路费改征公开的燃油税,从燃油中直接收取公路养护费、道路通行费、过桥费和运输管理费,并通过法律约定整合各部门间的利益关系,确保多耗油者多缴税、多跑路者多缴税的公平性,同时最大限度地节省能源和基础设施开支。

由于汽车产生的道路建造、维护及相关公共服务设施的成本产生于燃油消耗过程中,且与燃油消耗量基本成正比,因此,燃油征税实质上是对相关负外部性征税的一种替代。在此基础上,可进一步将燃油税视为对汽车使用过程中造成的与燃油消耗成正比的所有外部成本的补偿,主要有:土地使用成本、道路分隔效应、交通视觉侵扰与环境成本等。因此,燃油税率的构成可表达为:

$$R = R_1 + R_2 + R_3 + R_4 + R_5 \qquad (7-1)$$

其中 R——燃油税税率,

R_x——单位油耗情况下的相关成本,其中 R_1 为道路及相关公共服务设施的成本,R_2 为土地使用成本,R_3 为道路分隔成本,R_4 为交通视觉侵扰成本,R_5 为环境污染成本,包括空气与噪音污染。

R_x 中,R_1、R_2、R_3、R_4 与行驶里程一致,通过对燃油征税对行驶里程征税,从而达到了将 R_1、R_2、R_3、R_4 内部化的目的。R_5 除了与行驶里程相关外,与个体汽车的排放参数也密切相关,而消费者对由汽车性能造成的相关外部成本无能为力,因此这方面的有效管理首先需要对生产商制定严格的排放标准,从而为 R_5 提供合理的依据,进而将其通过燃油税由消费者承担。

燃油税征收后必然大幅增加燃油的使用成本,因此同时应对农业等政府扶植、补贴的行业及非车用油单位和个人实施补贴。

二、收取城市拥挤费

燃油税可以内部化多种外部成本,但是它没有时间、地点的选择性,因此只能用于管理在任何地点、时间都一致的外部性,且只在边际外部成本不变的假设前提下有效。然而私车消费有一种负外部性造成的外部成本是明显递增的,那就是拥挤造成的额外耗时,因而对此不能用单一的燃油税来调节,而应该引入"拥堵费"的管理理念,对在交通拥挤时段进入特定区域的私人汽车收取费用,费率 R 为 $MC - AC$,使汽车为造成的整体通行效率下降承担相应的成本。

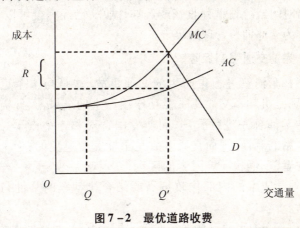

图7-2 最优道路收费

Walters 提出的对拥挤城市区域收取特殊里程费的管理方法可以视为拥挤费的雏形。西方学者也对此进行了不懈的研究,Button 对美国在这方面的研究作了具有代表性的总结:

表7-3 美国道路定价部分研究结果

研究者	研究地区	道路定价	效 果
Cheslow(1978)	伯克利	早高峰时段每辆车 $2	交通量下降30%
Spielberg(1978)	曼迪逊	早高峰时段每辆车 $1	交通量下降30%
Gomez – Ibanez and Fauth (1980)	波士顿	高峰时段每辆车 $0.50— $1	交通量下降 10%—20%
Elliot(1975)	洛杉矶	每英里每车 $0.03— $0.15	交通量下降 20%—30%

资料来源:Button, K. J. "Road Pricing—An Outsider's View of American Experiences", *Transport Reviews* Vol. 4, 1983

上述地区的拥堵费仅停留在研究阶段,新加坡是世界上最早实施城市道路收费并获成功的国家,它的区域通行证系统于 1975 年 6 月实施,起初目的是限制小汽车在高峰时段使用,为此在早高峰期间针对私人小汽车和出租车使用收费。1989 年 6 月以后,收费范围扩大到晚高峰的所有种类车辆,有效发挥了减缓拥挤程度的作用。随着电子与通讯技术的发展,对在特定时段进入城市特定区域的汽车根据停留时间或行驶里程收费或选择性收费已经完全可以实现,可以将其作为交通拥挤管理的政策。

三、完善交通强制保险

对于私车消费过程中产生的交通事故,这是与整个道路交通体系,特别是机动车交通体系相互作用产生的结果,因此需要对所有的机动车都统一进行管理,而非专门针对私人小汽车。风险是机动车体系的属性,因而交通事故是不能完全避免的;但个体车辆由于驾驶者、车辆状况等因素的区别,其风险系数是不一样的。因此,相关外部成本的内部化政策需要结合机动车的共性与特性来进行选择。

"机动车交通事故责任强制保险",即交强险,对交通事故可以起到较好的管理效果。这也是我国首个由国家法律规定实行的强制保险制度,在中华人民共和国境内道路上行驶的机动车的所有人或者管理人都必须投保。交强险不以营利为目的,由保险公司对被保险机动车发生道路交通事故造成受害人(不包括本车人员和被保险人)的人身伤亡、财产损失,在责任限额内予以赔偿。交强险的赔偿范围几乎涵盖了所有道路交通责任风险,且不设免赔率与免赔额,增强了保障力度。该制度有利于道路交通事故受害人获得及时的经济赔付和医疗救治,也有利于减轻交通事故肇事方的经济负担,化解经济赔偿纠纷。

此外,根据我国《机动车交通事故责任强制保险条例》规定,交强险费率水平将与道路交通安全违法行为和道路交通事故挂钩,安全驾驶者可以享有优惠的费率,而交通肇事者将负担高额保费。建立这样一种"奖优罚劣"的费率浮动机制,可以有效保障交强险实施的公平与效率,还可以利用费率杠杆的经济调节手段提高驾驶人的道路交通安全法律意识,督促驾驶人安全行驶,有效预防和减少道路交通事故的发生①。当然,这样的一种保险制度需要建立在大量数据的微观分析基础之上,并在实践中不断评估、完善。

第五节 政策选择总结

综上所述,我国私人小汽车的外部成本内部化政策可从购置环节与使用环节分别考虑,以有针对性地管理各类负外部性。

购置环节导致的外部成本可视为他人效用的损失,可以通过消费税进行调控,根据私车在不同经济发展阶段的商品性质,以及不同级别的车型课以不同税率的消费税。牌照费从理论与实践角度来看既无益于公平,在实施过程中又有很多弊端,难以有效控制,因此可以不予征收,牌照费中的养路费部分可由燃油税抵补。而车辆购置税等反映汽车大宗商品性质的税费的作用与消费税相重叠,应予以取消。

使用环节的大部分外部成本与使用量直接相关,但各辆汽车的使用量无法直接获得,而燃油消耗量与使用量成正比,因此燃油税是相关负外部性最有效的管理手段,在管理环境污染方面需要辅以国家严格的强制排放标准。燃油税不但能内部化与汽车使用相关的成本,而且通过提高使用成本,减少使用总量,在一定程度上缓解交通拥挤、环境污染。对于在特殊地段特殊时间产生的交通拥堵现象,则应通过具有选择性的城市拥挤费进行管理,而交通事故则通过交强险对车辆行为与事故损失进行调节与补偿。

相关政策及其管理效果如表7-4所示。

---

① http://www.dffy.com/sifashijian/sw/200606/20060620065533.htm

表 7 - 4　我国城市私人小汽车外部成本内部化政策及效用①

| | 消费(购买)负外部性 | 土地使用 | | | | 拥挤 | | 环境污染 | |
| | | 占用公共资源 | | | | | | | |
		土地使用成本	道路及相关公共服务设施	分隔效应	视觉侵扰	额外耗时	交通事故	空气污染	噪音污染
消费税	+ +								
燃油价格改革									
燃油税		+ +	+ +	+ +	+ +	+	+	+ +	+ +
机动车排放标准						+ +		+ +	+ +
城市拥挤费							+ +		
机动车交通事故责任强制保险									

① "＋＋"表示具有直接的效用，"＋"表示具有间接效用。

　　由于人类趋利的主动性和积极性,人们会自觉将原来存在的外部效益(由正外部性产生)逐步实现内部化,充分享受各种经济活动的利益,但对外部成本(由负外部性产生)却很难发生这种自动的内部化过程,如果没有这方面政策的管理与约束,将造成巨大的效率与公平问题。因此,基于本书所分析我国城市私人小汽车消费负外部性现状,在管理成本小于可内部化的外部成本的前提下,应采取相关的措施利用价格或数量手段进行一定的管理,通过让经济活动主体——城市私人小汽车消费者更多地意识到并承担起他们的行为所产生的成本,从而让那些受到负外部性影响的人们不再受到影响或得到相应的补偿,最终令社会资源得到更有效的利用。

　　从理论分析的角度来看,最优的价格管理是令边际私人成本与边际社会成本相等,通过征收 $P = MSP - MPC$,从而达到 $MPC' = MPC + P = MSP$。但这仅仅是一般静态分析的最优解,在动态的现实经济活动中,对产生负外部性行为征税或管制的最佳水平并不等于它最初造成的边际净损失,而是等于这种行为被矫正到最优状态以后它所造成的边际净损失。这令最佳的管理变得十分困难,因为外部性的制造者对相关经济环境的变化必然会作出反应,而相应的弹性难以通过理论或实证研究获得,因而难以计量新的外部性状况。对价格管理而言,根据上述分析,最终的活动水平与总的外部成本难以完全确定,因此,在实际价格政策制定过程中,也没有绝对的最优,而应在确保市场健康运作环境的前提下,根据当前的净损失,建立一套税费政策。根据该政策,当活动水平与该活动造成的损害相对于当前的税收规模作出调整后,税费本身也应根据新的损害程度进行相应的调整。价格对活动水平及损害程度的影响是一个收敛的过程,经过不断地修正与调整,税费规模最后有可能接近最佳水平。

　　虽然这样的一个过程需要大量信息,但是相关的成本评估体系一旦建立,就能够在整个工作进程的每一步对上一步所取得的成绩进行评估,并且能够确定进一步改善现有状况的努力方向。这也是本书的主要目的所在——初步建立相关成本的理论与实证评估框架。

对于数量管理来说,可以通过估量社会对负外部性的容忍程度,并通过政府法令的强制力令最终的活动水平或活动范围一步到位,如制定各种车辆技术标准、限定不同类型车辆行驶范围与区域等,因此管理过程相对简单、直接,管理结果比较容易考量,但对于容忍程度的确定与数量的分配对政府的管理能力提出了非常高的要求,目前没有一个国家或地区的政府可以完全通过数量管理控制汽车消费,因此需要通过与价格管理相配合实施。同时,政府应通过发展公共交通的方式确保城市各个区域的可达性,并充分保障步行、非机动车等几无负外部性的出行方式实施的条件,从而为小汽车的消费者提供相对公平的环境。

可见,外部成本内部化管理并不意味着在实践操作中,相关成本会完全清除。然而,在一个运作良好的系统中,合适的机制可以维护经济运行的公平与效率,并提供一种导向,激发出正确处理这些影响的积极性,促进社会福利最大化,本书针对我国城市私人小汽车消费负外部性产生机理与现状的探索是迈向该目标的第一步。

参 考 文 献

图书:

[1]　岑乐陶. 城市道路交通规划设计[M]. 北京:机械工业出版社,2006.

[2]　陈声洪. 上海城市交通分析和预测[M]. 上海:上海科学技术出版社,1998.

[3]　杜闻贞. 城市经济学[M]. 北京:中国财政经济出版社,1987.

[4]　凡勃伦. 有闲阶级论[M]. 北京:商务印书馆,1981.

[5]　歌德伯格. 城市土地经济学[M]. 北京:中国人民大学出版社,1990.

[6]　黄有光. 福利经济学[M]. 北京:中国友谊出版社,1986.

[7]　黄征学. 中国城市经营中土地价格行为研究[M]. 北京:经济科学出版社,2005.

[8]　巴洛维. 土地资源经济学——不动产经济学[M]. 北京:北京农业大学出版社,1989.

[9]　李扬. 财政补贴经济分析[M]. 上海:上海三联书店,1990.

[10]　卢新海. 城市土地管理与经营[M]. 北京:科学出版社,2006.

[11]　罗依. 运输经济——实践、理论与政策[M]. 北京:经济管理出版社,1988.

[12]　梅兰. 城市交通[M]. 北京:商务印书馆,1996.

[13]　全永燊. 路在何方——纵谈城市交通[M]. 北京:中国城市出版社,2002.

[14]　斯帝格利茨. 经济学[M]. 北京:中国人民大学出版社,1997.

[15]　宋则行,汪祥春. 社会主义经济调节概论[M]. 沈阳:辽宁大学出版社,1986.

[16]　王传伦,高培勇. 当代西方财政经济理论[M]. 北京:商务印书馆,1998.

[17]　王霞,尤建新. 城市土地经济学[M]. 上海:复旦大学出版社,2004.

[18]　晏智杰. 亚当·斯密以前的经济学家[M]. 北京:北京大学出版社,1996.

［19］ 杨继瑞. 中国城市地价探析［M］. 北京:高等教育出版社,1997.

［20］ 杨树祺. 道路交通常用数据手册［M］. 北京:中国建筑工业出版社,2002.

［21］ 俞海山,周亚越. 消费外部性———一项探索性的系统研究［M］. 北京:经济科学出版社,2005.

［22］ 于立. 能源价格理论研究［M］. 大连:东北财经大学出版社,1994.

［23］ 周干峙. 发展我国大城市交通的研究［M］. 北京:中国建筑工业出版社,1997.

［24］ 周刚华. 城市土地价格微观影响因素研究［M］. 北京:经济科学出版社,2005.

［25］ 朱为群. 消费课税的经济分析［M］. 上海:上海财经大学出版社,2001.

［26］ 上海人民出版社. 上海市城市交通白皮书［M］. 上海:上海人民出版社,2002.

［27］ 上海市建设和交通委员会. 2005—2006 上海建设年鉴［M］. 上海:上海画报出版社.

［28］ 欧洲运输部长联合会,经济合作与发展组织. 交通社会成本的内部化［M］. 北京:中国环境科学出版社,1996.

［29］ RESEARCH A. The Costs of Transportation:Final Report［M］. Boston:Conservation Law Foundation,Inc,1994.

［30］ BAUMOL W J,OATES W E. The Theory of Environmental Policy:Externalities, Public Outlays and Quality of Life［M］. Englewood Cliffs,NJ:N Prentice – Hall,1975.

［31］ BHRENS C E,BLODGETT J E,LEE M R,et al. External Costs of Oil Used in Transportation, 92—574 ENR［M］. Washington,D. C. :Congressional Research Service, Environment and Natural Resources Policy Division,1992.

［32］ BESHERS E. W. External Costs of Automobile Travel and Appropriate Policy Responses［M］. Washington, D. C. :Highway Users Federation,1994.

［33］ NILS B. The Value of Travel Time［M］. London:Croom Helm,1979.

［34］ CRANDALL R W. Regulating the Automobile［M］. Washington, D. C. :The The Brookings Institution,1986.

［35］ Commission of The European Communities. Green Book on the Impact of Transport on The Environment［M］. Brussels,1992.

［36］ ROBERT D. Death in the Streets［M］. Leading Edge,1992.

［37］ DUPUIT J. On the Measurement of the Utility of Public Works［M］. reprinted in Transport,By D. Munby,1844.

[38] ELLET C. A Popular Exposition of the Incorrectness of the Tariffs on Tolls in Use on the Public Improvements of the United States [M]. Franklin Institues,1840.

[39] FAIZ A. Automotive Air Pollution: An Overview The World Bank[M]. Washington D. C. ,1985.

[40] FREUND P,MARTIN G. The Ecology of the Automobile Black Rose Books [M]. Montreal,1993.

[41] BRUNO S F, ALOIS S. Testing Theories of Happiness[M]. Economics and Happiness: Framing the Analysis Oxford University Press,2005.

[42] GRAAF J. Theoretical Welfare Economics[M]. Cambridge University Press,1957.

[43] HANSSON L, LEKSELL I. Cost Responsibility of Road Traffic[M]. Stockholm,1989.

[44] MACKENZIE J J, DOWER R C. TheGoing Rate: What It Really Costs to Drive[M]. Washington, D. C. : World Resources Institute,1992.

[45] MARSHALL A. Principles of Economics[M]. Beijing:The Commercial Press, 1964.

[46] MILLER P,MOFFET J. The Price of Mobility: Uncovering the Hidden Costs of Transportation [M]. New York, NY: Natural Resources Defense Council,1993.

[47] National Research Council. Automotive Fuel Economy: How Far Should We Go? [M]. Washington, D. C. : National Academy Press,1992.

[48] Organization for Economic Cooperation and Development. Transport and the Environment[M]. Paris,1988.

[49] PEARCE D W. Blue Print 3: Measuring Sustainable Development[M]. London: Earthscan,1993.

[50] PERSSON U,NORINDER A L,SVENSSON M. Valuing the Benefits of Reducing the Risk of Non-fatal Road Injuries: The Swedish Experience[M]. Contingent Valuation, Transport Safety and the Value of Life,Boston MA: Kluwer Academic,1995.

[51] EMILE Q, Roger V. Principles of Transport Economics [M]. MPG Books Ltd,2004.

[52] ROTHENGATTER W. Externalities of Transport[M]. Blackwell Publishers,

1993.

[53] ROTHENGATTER W. External Effect of Transport[M]. Blackwell Publishers, 2000.

[54] SMALL K A,EVANS C A,WINSTON C M. Road Work: A New Highway Pricing and Investment Policy[M]. Brookings Institution Press,1989.

[55] KENNETH A S. Urban Transportation Economics Philadelphia[M]. Harwood Academic Publishers,1992.

[56] VINER J. Cost curves and supply curves[M]. Zeischrift fur Nationaloekonomie,1931.

[57] MICHALE P W. Transportation and the Environment in China[M]. Washington D. C. Woodrow Wilson Centre,2000.

[58] WATERS W. The Value of Time Savings for the Economic Evaluation of Highway Investments in British Columbia[M]. British Columbia Ministry of Transportation and Highways,1992.

期刊:

[1] 蔡逸峰,阮哲明. 私人小汽车发展对城市交通规划的挑战[J]. 规划师, 2002(11).

[2] 陈长虹. 上海市机动车排气污染负荷的估算[J]. 上海环境科学,1997 (16).

[3] 陈长虹,周正明,朱润非. 上海城市机动车辆排气污染控制战略研究[J]. 上海环境科学,1996(9).

[4] 陈惠雄,刘国珍. 快乐指数研究概述[J]. 财经论丛,2005(5).

[5] 戴泉玉. 声屏障在城市交通噪声污染防治中的应用前景分析[J]. 交通节能与环保,2007(6).

[6] 邓晓辉,戴俐秋. 炫耀性消费理论及其最新进展[J]. 外国经济与管理, 2005(4).

[7] 邓欣,黄有光. 中国道路交通外部成本估计[J]. 重庆大学学报(社会科学版),2008(14).

[8] 杜德斌,徐建刚. 影响上海市地价空间分布的区位因子分析[J]. 地理学报,1997(9).

[9] 顾九春,石建军. 城市道路交通噪声的防治分析[J]. 交通环保,2003,24 (6).

[10] 韩伟.城市交通与土地利用相关性分析[J].上海房地,2006(3).

[11] 韩小亮,邓祖新.城市交通拥堵的经济学分析——基于计算经济学的模拟检验[J].财经研究,2006(5).

[12] 黄海鲲.应用 IVE 模型计算上海市机动车污染物排放[J].环境科学学报,2006(1).

[13] 黄海军.拥挤道路使用收费的研究进展和实践难题[J].中国科学基金,2003(4).

[14] 黄立清,邢占军.国外有关主观幸福感影响因素的研究[J].国外社会科学,2005(3).

[15] 黄有光.谈效用、福利与快乐——关于"三人对谈录"的一点感想[J].浙江社会科学,2003(2).

[16] 李幼穗,吉楠.主观幸福研究的新进展[J].天津师范大学学报(社会科学版),2006(2).

[17] 刘德吉.上海车牌拍卖的政策效应分析——基于公共政策视角[J].产业与科技论坛 2008(1).

[18] 刘东坡.旅客旅行时间价值分析方法研究[J].华东经济管理,2003(8).

[19] 刘笑平,雷定安.论外部性理论的内涵及意义[J].西北师大学报(社会科学版), 2002(3).

[20] 刘志刚,申金升.城市交通拥堵问题的博弈分析[J].城市交通,2005(5).

[21] 陆锡明.国际大都市一体化交通战略[J].城市规划,2005(12).

[22] 罗清玉.城市交通拥挤外部成本衡量方法研究[J].交通运输系统工程与信息,2007(10).

[23] 马春英.对土地价格及土地收入、土地成本的预测分析[J].经济研究参考,2004(45).

[24] 马健霄.城市汽车交通的适量化[J].南京林业大学学报,2001(11).

[25] 茅于轼.节能与价格——兼谈北京的交通拥堵[J].节能与环保,2002(12).

[26] 沙景华,王清妍,杜微,等.浅析土地价格中环境成本的理论与方法[J].资源与产业,2007(2).

[27] 沈满洪,何灵巧.外部性的分类及外部性理论的演化[J].浙江大学学报(人文科学版),2002(1).

[28] 宋海燕.我国主观幸福感的研究现状与趋势[J].社会心理科学,2006(2).

[29] 粟芳.上海市道路交通事故中车辆类型的分析[J].上海保险,2005(1).

[30] 孙凤.性别、职业与主观幸福感[J].经济科学,2007(1).

[31] 王冰,王国华.伦敦的"交通收费"及其福利经济学解释[J].城市问题,2006(2).

[32] 王健.城市道路拥挤定价中的交通需求分析[J].数量经济技术经济研究,2003(7).

[33] 王俊秀.什么是幸福指数[J].今日中国论坛,2006(11).

[34] 王林.城市交通拥挤的经济学治理研究[J].理论探讨,2007(2).

[35] 王蒲生.奔跑的汽车:平等权还是霸权[J].中国社会导刊,2005(20).

[36] 王蒲生.不公平性:轿车交通模式的政治伦理蕴含[J].科学技术与辩证法,1999(1).

[37] 王蒲生.车祸泛滥的哲学反思[J].自然辩证法通讯,2001(5).

[38] 王蒲生.汽车:越来越慢的蜗行[J].中国社会导刊,2005(20).

[39] 王涛,杨孝宽,刘小明.出行时间成本的测算方法及其影响因素分析[J].道路交通与安全,2006(4).

[40] 王玉怀,李祥仪.煤矿事故中生命价值经济评价探讨[J].中国安全科学学报,2004(8).

[41] 吴明霞.30年来西方关于主观幸福感的理论发展[J].心理学动态,2000,8(4).

[42] 吴宇航,程珊珊,潘玉利.道路时间费用预测模型研究[J].公路交通科技,2001(4).

[43] 向昀,任健.西方经济学界外部性理论研究介评[J].经济评论,2002(3).

[44] 邢占军.主观幸福感测量研究综述[J].心理科学,2002(3).

[45] 闫庆军.基于外部性的交通拥堵成因分析与缓解策略[J].经济论坛,2005(5).

[46] 杨静.区域诱增交通量计算方法研究[J].交通运输系统工程与信息,2005(10).

[47] 袁宁.我国成品油定价机制的弊端及对策分析[J].经济管理,2007(4).

[48] 张迪.浅析北京市、上海市2001—2005年土地市场[J].国土资源情报,2006(10).

[49] 张岚,荣建,陈来荣.北京城市道路拥挤收费可行性分析[J].交通运输系统工程与信息,2006(4).

[50] 张鹏飞,姚成.高速公路与城市道路沿线交通噪声对环境的污染分析[J].

城市环境与城市生态,1999,12(3).

[51] 张毅媚,晏克非.城市交通拥挤机理的经济解析[J].同济大学学报(自然科学版),2006(3).

[52] 张忠仁.消费主义的心理学批判[J].社会科学辑刊,2006(3).

[53] 朱洪仁.燃油税开征的国际比较及我国的政策选择[J].财经研究,2000(3).

[54] 訾琨,涂先库,黄永青,等.机动车排放污染与城市交通环境[J].交通环保,2004(6).

[55] 上海市城市综合交通规划研究所.2004 上海城市综合交通发展报告[J].交通与运输,2004(5).

[56] 上海市城市综合交通规划研究所.上海市第三次综合交通调查成果简介[J].交通与运输,2005(6).

[57] 上海市城市综合交通规划研究所.《2004 上海城市综合交通发展报告》摘要[J].交通与运输,2004(6).

[58] 中国环境保护产业协会机动车污染防治技术专业委员会.我国机动车污染防治行业 2006 年发展报告[J].中国环保产业,2007(10).

[59] WILFRED A. Conspicuous Consumption and Sophisticated Thinking[J]. Management Science,2005,51(10):1449—1466.

[60] ARNOTT R,ANDRE P;LINDSEY R. A Structural Model of Peak – Period Congestion:A Traffic Bottleneck with Elastic Demand[J]. The American Economic Review,1993(83).

[61] ARNOTT R,PALMA A D,LINDSEYR. The welfare effects of congestion tolls with heterogeneous commuters[J]. Journal of Urban Economics and Policy,1994(28):139—161.

[62] GORDON B D. The Effects of Traffic Flow on Residential Property Values[J]. Journal of the American Planning Association,1980,46(1):88—94.

[63] SIMON B L,DOUGLAS B B. Veblen Effects in a Theory of Conspicuous Consumption[J]. The American Economic Review,1996,86(3):349—373.

[64] ROBERT L B,DAVID J M,DANIEL J S. A Note on Measuring Veblen's Theory of Conspicuous Consumption[J]. The Review of Economics and Statistics,1988,70(3):531—535.

[65] BEESLEY M E. The Value of Time Spent in Travelling:Some New Evidence[J]. Economica New Series,1965,32(126):174—185.

[66] JAMES M B,CRAIG S W. Externality Economica[J]. New Series,1962(29).

[67] JAMES M B,MILTON Z K. A Note on Public Goods Supply[J]. The American Economic Review,1963(53).

[68] BUTTON K J. Road Pricing—An Outsider's View of American Experiences [J]. Transport Reviews,1983(4).

[69] JOHN C,CLIFFORD W. The Value of Automobile Travel Time: Implications for Congestion Policy[J]. Journal of Public Economics,1998(69):83—102.

[70] ANDREW E C,ANDREW J O. Satisfaction and comparison income[J]. Journal of Public Economics,1996(61):359—381.

[71] COASE R H. The Problem of Social Cost[J]. Journal of Law&Economics,1960 (3).

[72] OTTO A D,ANDREW W. Externalities, Welfare, and the Theory of Games [J]. The Journal of Political Economy,1962(70).

[73] PETER A D. Consumption Externalities and Imperfect Corrective Pricing[J]. The Bell Journal of Economics and Management Science,1973(4).

[74] ANDREW D,JOHN P,ROGER V. Road Accidents and Traffic Flows: An Econometric Investigation[J]. Economica,New Series,2000(67).

[75] DIENER E,SANDVIK E,LARRY S,et al. The relationship between income and subjective well-being: Relative or absolute? [J]. Social Indicators Research ,1993,28(3).

[76] DOWNS A. The Law of Peak-Hour Expressway Congestion[J]. Traffic Quarterly,1962(16):393—409.

[77] BILL D. Jealousy and Equilibrium Overconsumption[J]. The American Economic Review,2003,93(1):423—428.

[78] AARON S E,KARACA M P. The Accident Externality from Driving[J]. Journal of Political Economy,2006,114(5).

[79] RUNE E. The External Costs of Traffic Injury: Definition, Estimation, and Possibilities for Internalization[J]. Accident Analysis and Prevention, 1994, l26(6):719—732.

[80] CLAIRE E,JOANN M. The effect of Marital Status on Person Perception[J]. Journal of Marriage and the Family,1981,43(4):801—805.

[81] ROBERT H F. The Demand for Unobservable and Other Nonpositional Goods [J]. The American Economic Review,1985,75(1):101—116.

[82] GLAISTER S,STARKIE D,THOMPSON D. The Assessment: Economic Policy for Transport[J]. Oxford Review of Economic Policy,1990,6(2):1—21.

[83] GOODWIN P B. Human Effort and the Value of Travel Time[J]. Journal of Transport Economics and Policy,1976(1).

[84] GOODWIN P B. Empirical Evidence on Induced Traffic[J]. Transportation, 1996(23):35—54.

[85] ARTHUR C G. Travel Time and Transportation Policy[J]. Journal of Urban Economics,1980(8):264—271.

[86] DAVID A H. Behavioral and Resource Values of Travel Time Savings: a Bicentennial Update[J]. Australian Road Research,1989(19):223—229.

[87] MICHAEL W J,GRAHAM L,PHILIPS P R. Valuing the Prevention of Non – Fatal Road Injuries: Contingent Valuation vs. Standard Gambles[J]. Oxford Economic Papers, New Series,1995(47).

[88] MICHAEL W J,HAMMERTON M,PHILIPS P R. The Value of Safety: Results of a National Sample Survey[J]. The Economic Journal,1985,95(377):49—72.

[89] MICHAEL W J. The Value of Transport Safety[J]. Oxford Review of Economic Policy,1990(6):39—60.

[90] MICHAEL W J,JOHANSSON P,LOFGREN K. The Value of Transport Safety [J]. Policy Journals, Newbury, Bershire,UK 1987.

[91] KNIGHT F H. Some Fallacies in the Interpretation of Social Cost[J]. The Quarterly Journal of Economics,1924,38(4).

[92] LAKE I R,LOVETT A A,BATEMAN I J,et al. Improving land compensation procedures via GIS and hedonic pricing[J]. Environment and Planning C: Government and Policy 2000,18(6):681—696.

[93] CHARLES A L. A Behavioral Approach to Modal Split Forecasting[J]. Transportation Research,1969(3):463—480.

[94] LEIBENSTEIN H. Bandwagon, Snob, and Veblen Effects in the Theory of Consumers' Demand[J]. The Quarterly Journal of Economics,1950,64(2): 183—207.

[95] GUNNAR L. Traffic Insurance and Accident Externality Charges[J]. Journal of Transport Economics and Policy,2001,35(3):399—416.

[96] LINDLEY J A. Urban Freeway Congestion: Quantification of the Problem and

Effectiveness of Potential Solutions[J]. ITE Journal,1987,57(1):27—32.

[97] MICHAEL M. Relative – income effects on subjective well – being in the cross – section [J]. Journal of Economic Behavior & Organization, 2001, 45 (3): 251—278.

[98] Miller T R. Variations between Countries in Values of Statistical Life[J]. Journal of Transport Economics and Policy,2000,34(2):169—188.

[99] MOGRIDGE M J H,HOLDEN D J,BIRD J,et al. The Downs – Thomson Paradox and the Transportation Planning Process [J]. International Journal of Transport Economics,1987(14):283—311.

[100] DAVID M N. Road Damage Externalities and Road User Charges[J]. Econometrica,1998(56).

[101] DAVID M N. Road User Charges in Britain[J]. The Economic Journal,1998 (98).

[102] SIANG N. Welfare – reducing gowth despite individual and government optimization[J]. Social Choice and Welfare,2001(18):497—506.

[103] YEW – KWANG N. Diamands Are a Government's Best Friend: Burden – Free Taxes on Goods Valued for Their Values[J]. The American Economic Review,1987,77(1):186—191.

[104] YEW – KWANG N. A Case for Happiness, Cardinalism, and Interpersonal Comparability[J]. The Economic Journal,1997,107(445):1848—1858.

[105] OORT C J. The Evaluation of Travelling Time[J]. Journal of Transport Economics and Policy,1969(3).

[106] JOHN P, IAN S, ROGER V. The Microeconomic Analysis of the External Costs of Road Accidents[J]. Economica,New Series,1998(65).

[107] PERSSON U,KNUT O. External Cost Estimates of Road Traffic Accidents. : An International Comparison[J]. Journal of Transport Economics and Policy, 1995(29):291—304.

[108] PERSSON U. The Value of a Statistical Life in Transport: Findings from a New Contingent Valuation Study in Sweden[J]. Journal of Risk and Uncertainty,2001,23(2).

[109] MICHAEL R. Conspicuous Consumption, Economic Growth, and Taxation [J]. Journal of Economics,1997(66).

[110] THOMAS A R,JASON F S. Why do Cities Use Supply Side Strategies to Miti-

gate Traffic Congestion Externalities[J]. Economic Letters,2006(92):214—219.

[111] JEROME R. The Economics of Congestion and Pollution: An Integrated View [J]. The American Economic Review,1970,60(2):114—121.

[112] ANDREW B T. Veblen, Bourdieu, and conspicuous consumption[J]. Journal of Economic Issues,2001,35(1).

[113] KENNETH A S. Bus Priority and Congestion Pricing on Urban Expressways [J]. Research in Transportation Economics,1983(1).

[114] ARTHUR M S. The General Equilibrium Effects of Congestion Externalities [J]. Journal of Urban Economics,1983(14):80—104.

[115] PAUL D S,DEAN B M,EDWARD J I. Using Relative Deprivation Theory to Explain Satisfaction with Income and Pay Level: A Multistudy Examination [J]. The Academy of Management Journal,1990,33(2):423—436.

[116] THOMAS C. Value of Time for Commuting Motorists[J]. Highway Research Record, 1968(245):17—35.

[117] ANDREW B T. Veblen, Bourdieu, and conspicuous consumption[J]. Journal of Economic Issue,2001,35(1).

[118] VERHOEF E. External Effects and Social Costs of Road Transport[J]. Transportation Research,1994,28(4).

[119] WILLIAM S V. Congestion Theory and Transport Investment[J]. The American Economic Review,1969,59(2).

[120] VISCUSI W K,EVANS W. Utility Functions that are Dependent on one's Health Status: Estimates and Economic Implications[J]. American Economic Review,1990(80):353—374.

[121] WALTERS A A. The Theory and Measurement of Private and Social Cost of Highway Congestion[J]. Econometrica,1961,29(4).

[122] MARTIN L W. On the Environmental Discount Rate[J]. Journal of Environmental Economics and Management,1994,26(2):200—209.

[123] WINSTON C. Conceptual Developments in the Economics of Transportation: An Interpretive Survey [J]. Journal of Economic Literature, 1985 (23): 57—94.

论文：

[1] 曹国华,陆建. 汽车化导向交通对土地利用影响成本研究[D]. 南京:江苏省城乡规划设计研究院,东南大学,2003.

[2] 李停. 环境污染的经济学分析[D]. 乌鲁木齐:新疆大学,2006.

[3] FRANK B. Social Costs of Land Use Claims for Transport Infrastructure: A Survey for The Netherlands[D]. Research Memorandum 2001 – 33 vrije Universiteit Amsterdam,2001.

[4] DELUCCHI M A. The Annualized Social Cost of Motor – Vehicle Use in the U. S. , 1990—1991: Summary of Theory, Data, Methods, and Results' Institute of Transportation Studies[D]. University of California,1997.

[5] DELUCCHI M A. Personal Nonmonetary Costs of Motor – Vehicle Use' Institute of Transportation Studies[D]. University of California,2004.

[6] VAN D K,STEF P. Optimal Urban Transport Pricing with Congestion and Economies of Density and Costly Public Funds[D]. K. U. Leuven working paper series No2001 – 19,2001.

[7] DENG X. Testing the Diamond Effect: A Survey on Private Car Ownership' Discussion Paper [D]. Monash University Department of Economics, Melbourne,Australia,2002.

[8] DRD. Evaluation of Highway Investment Projects (Undersøgelse af større hovedlandevejsarbejder: Metode for effektberegninger ogøkonomisk vurdering)[D]. Denmark,1992.

[9] GYLVAR K,LELEUR S. Assessment of Environmental Impacts in the Danish State Highway Priority Model[D]. DRD,Copenhagen,1983.

[10] HANKS J W, LOMAX T J. Roadway Congestion in Major Urbanised Areas 1982 to 1988[D]. College Station, Texas Transportation Institute,1990.

[11] GOODWIN P B. The Economic Costs of Road Traffic Congestion[D]. A Discussion Paper published by the Rail Freight Group,2004.

[12] THOMAS E L. The Value of Commuters' Travel Time——A Study in Urban Transportation[D]. University of Chicago, Ann Arbor, Michigan: University Microfilms,1967.

[13] MATSUZAWA T. A Method of Estimating Congestion Less in Urban Area [D]. TSU Ref. 472, Oxford,1989.

[14] MORRIS H,DECICCO J. A Critical Review of API's Estimates of Road User

Payments and Expenditures[D]. Washington, D. C. : American Council for an Energy Efficient Economy,1996.

[15] JAMES M,MARK D. A Review of the Literature on the Social Cost of Motor Vehicle Use in the United States[D]. University of California,1998.

[16] POLDY F. The Costing and Costs of Transport Externalities: A Review, Paper Presented at Workshop on Transport Externalities University House Australian National University[D]. BTCE, Victorian Environment Protection Authority, Australia,1993.

[17] ERIK T V,VAN W B. Car Ownership and Status[D]. Tinbergen Institute Discussion Paper TI 2000 −076/3,2000.

[18] YUTAKA Y. An Essay on Pigouvian Externality[D]. Department of Economics, University of Virginia,2001.

[19] CHRISTOPHER Z,An Analysis of the Full Costs and Impacts of Transportation in Santiago De Chile[D]. The International Institute for Energy Conservation, 1997.

[20] ZHOU M,SISIOPIKU V. On the Relationship Between Volume −to−Capacity Rations and Accident Rates[D]. Paper #970114 presented at TRB Ammual Meeting, Washington, D. C,1997.

报纸：
[1] 林伯强.政府定价和国企垄断:资源价格市场化的主要障碍[N].21世纪经济报道,2008−07−07.
[2] 郑也夫.轿车文明批判[N].光明日报,1994−08−09.

报告：
[1] 世界银行.碧水蓝天——展望21世纪的中国环境[R].北京:中国财政经济出版社,1997.
[2] BLANCHFLOWER D G,OSWALD A. Well −being over Time in Britain and USA[R]. NBER Working Paper,2000,NO 7487.
[3] California Energy Commission. 1993—1994 California Transportation Energy Analysis Report[R]. draft staff report and technical appendices,1994.
[4] DELUCCHI M A. The Annualized Social Cost of Motor Vehicle Use in the United States, Based on 1990—1991 Data, UCD −ITS −RR −96 −3, in 20

reports[R]. Davis, CA: University of California, Institute of Transportation Studies,1996.

[5] DELUCCHI M A. The External Damage Cost of Noise Emitted from Motor Vehicles' Report #14 in the series[R]. The Annualized Social Cost of Motor - Vehicle Use in the United States,2004.

[6] DOUGHER R S. Estimates of Annual Road User Payments Versus Annual Road Expenditures, Research Study #078[R]. Washington, D. C. : American Petroleum Institute,1995.

[7] FULLER J W,HOKANSON J B,HAUGAARD J,et al. Measurements of Highway Interference Costs and Air Pollution and Noise Damage Costs, Final Report 34[R]Washington, D. C. : U. S. Department of Transportation, Federal Highway Administration,1983.

[8] GREEN K. Defending Automobility: A Critical Examination of the Environmental and Social Costs of Auto Use, Policy Study No. 198[R]. Los Angeles, CA: Reason Foundation,1995.

[9] MARK G, MATTI K, SEPPO I. Interpersonal Effects in Consumption: Evidence from the Automobile Purchases of Neighbors[R]. NBER Working Paper Series 10226,2004.

[10] KEELER T,Small K A. The Full Costs of Urban Transport, Part Ⅲ: Automobile Costs and Final Intermodal Comparisons, Monograph 21 [R]. Berkeley, CA: University of California at Berkeley, Institute of Urban and Regional Development,1975.

[11] LITMAN T. Transportation Cost Analysis: Techniques, Estimates and Implications [R]. British Columbia, Canada: Victoria Transport Policy Institute,1996.

[12] MOSER C,KALTON G. Survey Methods in Social Investigation[R]. Heinemann Educational,1979.

[13] Organization for Economic Cooperation and Development. Environmental Effects of Automotive Transport, The OECD Compass Project[R]. Organization for Economic Cooperation and Development, Paris,1986.

[14] Texas Transportation Institute. Using Archived Operations Data for Reliability and Mobility Measurement' Final Report [R]. Monitoring Urban Roadways,2002.

［15］ Texas Transportation Institute. Applying Definitions and measures that Every-one Understands［R］. The Keys to Estimating Mobility in Urban Areas,2005.

［16］ U. S. Department of Transportation. Literature Review on Vehicle Travel Speeds and Pedestrian Injuries［R］. National Highway Traffic Safety Adminis-tration,1999.

［17］ U. S. National Highway Traffic Safety Administration（NHTSA）. The Econom-ic Cost to Society of Motor Vehicle Accidents Washington D. C.［R］. U. S. National Highway Traffic Safety Administration,1983.

［18］ WALTERS A A. The Economics of Road User Charges［R］. International Bank for Reconstruction and Development,1988.

［19］ LANGLOH F R. The Use of Economic Instruments in Urban Travel Manage-ment［R］. WWZ Report, Bale,1992.

电子文献：

［1］ 上海市综合交通规划研究所. 2006 年上海市中心城区交通运行状况评估分析［EB/OL］. ［2006 – 06］. http://www. scctpi. gov. cn.

［2］ PETER B. Monetization of Environmental Impacts of Roads' Ministry of Trans-portation and Highways［EB/OL］. ［检索日期］. http://www. geocities. com/davefergus/Transportation/0ExecutiveSummary. htm.

［3］ Noland, Robert B; Len, Lewison, L.（2001）'A Review of the Evidence for Induced Travel and Changes in Transportation and Environmental Policy in the United States and the United Kingdom. http://www. cts. cv. ic. ac. uk/docu-ments/publications/iccts 00244. pdf［检索日期］

其他：

［1］ 陆锡明. 上海市高架道路系统研究 上海市城市综合交通规划研究所,同济大学,上海市交巡警总队 2000

［2］ 陆锡明等《上海市综合交通发展战略分析与预测评估》上海市城市综合交通规划研究所,2004

［3］ 《上海市城市总体规划（1999 年—2020 年）中、近期建设行动计划》2003. 12

［4］ 《上海市城市总体规划（1999 年—2020 年）》2003. 12

［5］ 上海市人民政府令第 102 号《上海市贷款道路建设车辆通行费征收管理

办法》

[6] 上海市综合交通规划研究所《2007 年度报告》上海综合交通规划研究网 http://www.scctpi.gov.cn/

[7] 上海市城市交通管理局《上海市城市交通"十一五"发展规划》 2007.7

[8] 上海市市政工程管理局《上海市城市干道行人过街设施规划设计导则》2007.11

[9] 2006 中国卫生统计年鉴

[10] 国家环境保护总局《2005 年中国环境状况公报》

[11] 国家环境保护总局《2006 年中国环境状况公报》

[12] 国家环境保护总局《轻型汽车污染物排放限值及测量方法(中国Ⅲ、Ⅳ阶段)》2007.7.1

城市私人小汽车若干
社会效应的调查问卷

问卷编号：＿＿＿＿＿＿＿＿

敬启者：

您好！我们正在进行一项关于我国城市私人小汽车所产生的社会效应的学术研究课题。请您协助填写一份调查问卷。问卷不记名，问题均为意向性。我们郑重向您保证：问卷回收后只作为学术研究使用，不作为国家制定相关政策的任何依据；并且只用于总量分析，绝不披露填写人的任何资料。您的帮助（真实回答每一道问题）将是本研究成功与否的关键，在此衷心感谢您愿意拨冗填答本问卷。

填写说明：选择题均为单选题，请在您觉得适当的答案序号上打√；需要填答的请直接在（横线）上填写您的答案；在涉及影响因素的问题中，数字1—9代表影响的程度，数字9代表最重要，数字1代表最不重要，从9到1影响逐渐减小，请在所选的数字上打√。

上海财经大学公共经济与管理学院

一、基本情况

A1. 您的性别：

①男　　　　　　　②女

A2. 您的年龄：

①18—30　　　　②30—40　　　③40—50

④ 50—60   ⑤ 60 以上

A3. 您的学历：

① 高中以下   ② 中专或大专

③ 本科   ④ 硕士及以上

A4. 您所从事的职业：

① 企业职员或管理人员   ② 机关事业单位工作者

③ 个体经营者   ④ 自由职业者

⑤ 学生   ⑥ 其他_____（请填写）

A5. 您所在的省市_____

A6. 您的婚姻情况：

① 已婚   ② 未婚   ③ 其他状态

A7. 您的月收入(元)情况：

① 0—3 000   ② 3 000—8 000   ③ 8 000—12 000

④ 12 000—20 000   ⑤ 20 000—50 000   ⑥ 50 000 以上

A8 . 你的私人小汽车购置情况：

① 已购   ② 未购

二、交通与环境

B1. 从您的住所至单位,您通常采用的交通方式是_____

您于交通高峰时段(7：00—9：00,17：00—19：00)出行比非高峰时段出行多花费的时间：

① 0—25%   ② 25%—50%   ③ 50%—75%

④ 75%—100%   ⑤ 100% 以上

B2. 假设您购车后,出行里程相比购车前依赖其他交通工具出行会增加

① 0—25%   ② 25%—50%   ③ 50%—100%

④ 100%—300%   ⑤ 300% 以上

B3. 假设有 A、B 两套公寓房,各方面条件一样,但 B 紧靠高架(或交通干道),B 比 A 的价格低多少情况下,您愿意选择 B：

① 10%   ② 15%   ③ 20%

④ 25%　　　　　　⑤ 30%　　　　　⑥ 40% 或以上

您认为 B 公寓面临的下列四项因素,对您所选择价格的影响程度(请注意:四项因素所对应的比例之和应为 100%)

① 空气污染　　　　　　　　　　　　　(　　)%

② 噪音污染　　　　　　　　　　　　　(　　)%

③ 视觉影响　　　　　　　　　　　　　(　　)%

④ 社区分割(由到对面不便引起)　　　　(　　)%

　　　　　　　　　　　　　　　总计　100　%

三、购车情况

如您尚未购车,请回答以下问题:

C1. 对于您周围人买车后对您生活的影响,请选择符合您实际情况的程度。

	非常同意		完全不同意
① 同时方便了自己的生活	9 8 7 6	5	4 3 2 1
② 同时丰富了自己的生活	9 8 7 6	5	4 3 2 1
③ 双方产生了业余生活的差距	9 8 7 6	5	4 3 2 1
④ 对自己现状有所不满	9 8 7 6	5	4 3 2 1
⑤ 产生或增加了购车的想法	9 8 7 6	5	4 3 2 1
⑥ 家人产生或提出购车要求	9 8 7 6	5	4 3 2 1

您的问卷到此结束,如您对本问卷有任何的意见和建议,请在问卷最后留言,也可根据问卷后的联系方式直接联系有关负责人。再次衷心感谢您的配合!

如您已购车,请回答以下问题:

D1. 据您所知,在您购车时,您的交际圈中私车购置比例:

① 尚无人购车　　　② 10% 以下　　　③ 10%—20%

④ 20%—50%　　　⑤ 50%—70%　　　⑥ 70% 以上

D2. 以下私车用途对您购车决策的重要程度:

	非常重要		不重要
① 社交圈购车情况的影响	9 8 7 6	5	4 3 2 1

　② 方便自己和家人上下班和上下学 9 8 7 6 5 4 3 2 1

　③ 扩大社交圈　　　　　　　　9 8 7 6 5 4 3 2 1

　④ 丰富家人的业余生活　　　　9 8 7 6 5 4 3 2 1

　⑤ 职业需要(拜访客户等)　　　9 8 7 6 5 4 3 2 1

　⑥ 喜欢开车的感觉　　　　　　9 8 7 6 5 4 3 2 1

D3. 你平均月行驶里程(公里)

　① 0—500　　　　　　　　② 500—1 500

　③ 1 500—3 000　　　　　④ 3 000 以上

D4. 高峰时期的行车占您总行车的里程:

　① 0—25%　　　　　　　② 25%—50%

　③ 50%—75%　　　　　　④ 75% 以上

您的问卷到此结束,如您对本问卷有任何的意见和建议,请在问卷最后留言,也可根据问卷后的联系方式直接联系有关负责人。再次衷心感谢您的配合!

意见和建议＿＿＿＿＿＿＿＿＿＿＿＿＿＿＿＿＿＿＿＿＿＿

您也可与我们联系:gracesisu@ hotmail. com,邮件主题:私人小汽车

后　记

从最初时期令人艳羡的贵族专享特权,到工业化流水线生产后越来越多人能够达到的生活方式,再到今天一些国家、城市的质疑与管制,私人小汽车的诞生与发展,经历了赞誉与争议这两个截然不同的阶段。

毫无疑问,私人小汽车给人们日常生活的出行带来了前所未有的便捷与舒适,越来越多的人开始争先恐后地追求这种所谓自由、随性的生活方式,在城市中来回穿梭。但是有一天,人们忽然发现:自己花在相同路线的出行时间越来越长,城市里的空气也不如以前那么清新。于是,原先的道路被拓宽了、新的道路辟通了、空中的钢筋混凝土"长龙"令天堑变通途了。为了寻求清新的空气,更多的人开始买车住到市中心以外的区域。与此同时,各种媒体中纷纷出现耗巨资建成的雄伟庞大的立交系统,无数车辆往来穿梭,蔚为壮观,这被视为城市发展与文明的象征。但是渐渐的,城市里的人们发现自己原来拥有的开始慢慢失去:工作、生活环境不再如此安静;想要步行、骑车出行却顾忌污浊的空气、拥挤的车流;对面自己以前常去的小饭馆,由于中环线的建造,现在得绕一个大圈子才能过去,因而不得不舍弃……为什么经济总量的统计数据在不断上升,而我们一些最基本的生活效用水平却似乎在下降呢? 我们有没有得到相应的补偿呢?

现实中的困惑成了选题的缘起,再结合专业的理论与实证分析便有了之后的云开雾释。本书是在我的博士论文基础上修改而成的,在此我将最诚挚深切的感谢献给我永远的导师——杨君昌教授!我是多么的幸运能够成为德高望重的您的学生,聆听您的悉心教导。每当我遇到困惑与疑虑,您的点拨总令我豁然开朗。您的正直、坚毅与乐观更对我的生活态度产生了深刻的影响。这一切都是我漫长跋涉过程中力量与信心的源泉,是我一生珍贵的财富!

感谢上海财经大学公共经济与管理学院的刘小兵院长对我的指导! 刘教授在繁忙的事务中抽出大量宝贵的时间,从本书的研究框架、研究方法等各方面都提出了许多宝贵的意见和建议。您的深厚理论功力与专业素养及广博的视角、对事物透彻的洞察力令我受益匪浅。上海财经大学的胡怡健教授、储敏伟教授、刘小川教授、黄天华教授,厦门大学的陈工教授与复旦大学的杜莉副教授对本书的结构、内容也提出了宝贵的批评与修改意见,学生在此表示深深的感谢!

感谢我所在的单位——上海外国语大学国际金融贸易学院及单位领导对我工作、学习的支持与帮助及对我生活的关心! 多年来,是母校的哺育将我培养成长,并给予我追求理想的能力。特别感谢我的经济学启蒙老师、也是我硕士生阶段导师——副校长杨力教授,是您将我领进学术的大门并一路引导,我的点滴进步与成长都凝聚着您的心血。我还要感谢章玉贵副教授和张耿副教授对本书出版的鼓励与支持,本书也是上海外国语大学青年教师科研创新团队项目的成果之一。

感谢中国出版集团世界图书出版上海有限公司学术出版部的应长天老师及其同仁,你们的专业和高效令我感动,没有你们的辛勤工作,本书是不可能顺利问世的。

朱云欢

二〇一一年六月

上海外国语大学 虹口校区